Georg Bacmeister

See- und Binnenschiffahrtsrecht

Georg Bacmeister

See- und Binnenschiffahrtsrecht

ISBN/EAN: 9783954272921
Erscheinungsjahr: 2013
Erscheinungsort: Bremen, Deutschland

© *maritimepress in Europäischer Hochschulverlag GmbH & Co. KG, Fahrenheitstr. 1, 28359 Bremen. Alle Rechte beim Verlag und bei den jeweiligen Lizenzgebern.*

www.maritimepress.de | office@maritimepress.de

See- und Binnenschiffahrtsrecht

DR. GEORG BACMEISTER

Oberlandesgerichtsrat

zu Hamburg

1 9 2 7

„Handfeste"-Verlag, Helmuth Spoeri, Hamburg 36,
Valentinskamp 34.

VORWORT

Dieses Büchlein verdankt seine Entstehung den Übungen, die ich seit einigen Jahren mit Hamburger Referendaren abhalte. Der eigentliche Zweck dieser Übungen war die Besprechung praktischer Fälle aus dem Gebiet des Schiffahrtsrechts. Hierbei stellte sich aber heraus, daß die Vorkenntnisse vieler Referendare nicht ausreichten, um mit genügendem Erfolge den Erörterungen folgen zu können. Ich sah mich mehr und mehr genötigt, längere zeitraubende theoretische Ausführungen zu machen. Schließlich habe ich meine Vorträge zusammenhängend ausgearbeitet und übergebe sie nun dem Druck in der Hoffnung, durch sie dem jungen Juristen das Selbststudium zu erleichtern. Darüber hinaus werden meine Zusammenstellungen für den in der Praxis stehenden Richter, Rechtsanwalt und Verwaltungsbeamten ein bequemes Handbuch sein, um sich kurz und schnell über vorkommende Fragen des See- und Binnenschiffahrtsrechts zu unterrichten. Schließlich glaube ich mich auch an Reeder und Kaufleute, die mit der Schiffahrt zu tun haben, wenden zu dürfen, denen zum Studium größerer Wissenschaftlicher Werke Zeit und Vorkenntnisse fehlen.

Diesem Zwecke des Buches entsprechend habe ich mich überall möglichster Kürze befleißigt. Es kam mir nicht darauf an, die zahlreichen Streitfragen zu vertiefen, sondern das positive Recht in leicht verständlicher, knapper Form darzustellen. Wer tiefer in Einzelfragen eindringen will, möge sich eines Kommentars oder größeren Lehrbuches bedienen. Da ich stets die einschlägigen Gesetzesparagraphen angeführt habe, wird das Auffinden weiterer Literatur nicht schwer fallen. Auch habe ich auf alle wichtigeren Zweifelsfragen im Text hingewiesen und kurz dazu Stellung genommen.

Hamburg, im Oktober 1927.

DR. GEORG BACMEISTER.

Inhaltsverzeichnis

Einleitung

A. Personen des Seerechts

B. Das Sachenrecht

C. Das Vertragsrecht

D. Die ausservertragliche Haftung im Seerecht

E. Das Binnenschiffahrtsrecht

Einleitung

§ 1. Begriff und Geschichte

Das Seerecht regelt nur die Schiffahrt zur See und zwar im wesentlichen die Handelsschiffahrt, bezieht sich also nicht auf Kriegsschiffe. Die Hauptrolle spielen Personen- und Güterbeförderung. Aber auch der Fischereibetrieb mit Schiffen, die Schleppschiffahrt, die Tätigkeit der Lotsenfahrzeuge, Rettungsboote und Bagger werden mit eingerechnet.

Das Seerecht ist vornehmlich privatrechtlicher Natur. Immerhin greifen eine Menge öffentlichrechtlicher Vorschriften hier ein, die grösstenteils in besonderen Gesetzen zusammengestellt sind, z. B. Bestimmungen über das Seestrassenrecht, Flaggenführung, Registrierung, Vermessung und Auswanderungswesen.

Vom Seerecht trennt sich das Binnenschiffahrtsrecht, welches im Gesetz vom 15. Juni 1895 geregelt ist. Die Grenzen zwischen beiden sind flüssig. Massgeblich ist die Zweckbestimmung. Es kommt darauf an, ob das Schiff zu Seefahrten oder zu Fahrten auf Binnengewässern (Flüssen, Seen, Kanäle, die seine aufhaures gehört) bestimmt ist. Die Bauart und die Eintragung ins See- oder Binnenschiffsregister geben Anhaltspunkte, sind aber nicht massgeblich. Auch insoweit ein Seeschiff die Binnengewässer berührt, unterliegt es dem Seerecht, und ein Binnenschiff das ausnahmsweise sich aufs Meer hinausgetraut, bleibt dem Binnenschiffahrtsrecht unterworfen. Zweifelhaft kann auch oft die Frage sein, wo der Fluss aufhört und das Meer beginnt. Eine Bundesratsverordnung vom 10. November 1899 hat auf Grund des Flaggengesetzes vom 22. Juni 1899 (§ 25 Abs. 1) die Grenzen der Seefahrt festgelegt, allerdings nur für die öffentlichrechtliche Frage der Flaggenführung. Man pflegt aber allgemein dieser Verordnung auch Gültigkeit für die privatrechtlichen Verhältnisse beizulegen. Darnach endet die Elbe bei der Kugelbanke—Döse, während man früher die Elbe bis zum Ende der Betonnung rechnete (Hans. OLG. in Hans. G. Ztg. Hb 1894 No. 42). — Fährt ein Schiff teils auf Binnengewässern teils auf dem Meere, dann ist die überwiegende Tätigkeit ausschlaggebend. Im Zweifel geht das Seerecht als das stärkere Recht vor. Die s. g. Küstenschiffahrt unterliegt dem Seerecht. —

Ein besonderes Seerecht hat sich erst spät entwickelt. Aus dem alten Rom, wo der Schiffseigentümer ursprünglich nur eigene, später auch fremde Waren über See führte und dort veräusserte, sind eigentlich nur bekannt, die lex Rhodia de jactu (grosse Haverei) und das 12%ige foenus nauticum. Im späteren Mittelalter wurde die Seefahrt gewöhnlich durch Genossenschaften ausgeübt. Die Leitung des Unternehmens war vielfach auf drei Personen verteilt. Die nautische Führung lag dem Schiffsdirektor (nauclerus) ob, die Mannschaft unterstand dem exercitor und die Interessen der Ladungsbeteiligten nahm der supercargo wahr. Nach dem Vorgange des nordischen Rechts wurden dann alle drei Aufgaben in der Person des »Schiffers« vereinigt. Die Mannschaften erhielten im Mittelalter nur Heuer, wenn und soweit Fracht verdient wurde. Sie waren also erheblich an dem Unternehmen interessiert.

Die bekanntesten älteren Seerechtsgesetze sind folgende:

1. Die französischen Rules d'Oléron aus dem 12. Jahrhundert.

2. Das katalonische Consolato del mare v. 1370.

3. Das Hanseatische Waterrecht (1407), auch Seerecht von Wisby genannt (1505).

4. Die französische Ordonnance de la Marine von 1681.

5. Das preussische Landrecht von 1792.

6. Der Code Napoléon von 1858.

7. Die englische Merchant Shipping Act von 1854.

Das alte deutsche Handelsgesetzbuch behandelte das Seerecht im 5. Buch. Die Kommission, welche dieses Gesetzbuch schuf (1856–1861), tagte zur

Bearbeitung des Seerechts in Hamburg (1858-1860). Das Gesetz wurde in Preussen am 24. Juni 1881, in Hamburg am 22. Dezember 1865 eingeführt. Das neue Handelsgesetzbuch vom 10. Mai 1897 nahm das Seerecht ins 4. Buch, ohne sachlich Nennenswertes zu ändern. Am 2. Juni 1902 und 7. Januar 1913 erschienen nicht unwichtige Novellen, und zwar die letztere auf Grund eines internationalen Uebereinkommens vom 23. September 1910.

An deutschen Nebengesetzen sind zu nennen:

1. Gesetz betr. das Flaggenrecht der Kauffahrteischiffe vom 22. 6. 1899 resp. 29. 5. 1901.

2. Schiffsvermessungsordnung vom 20. Juni 1888 resp. 12. April 1908.

3. Seemannsordnung vom 2. Juni 1902 resp. 12. Mai 1904.

4. Gesetz betr. die Verpflichtung der Kauffahrteischiffe zur Mitnahme heimzuschaffender Seeleute vom 2. Juni 1902.

5. Gesetz betr. die Stellenvermittlung für Schiffsleute vom 2. Juni 1902.

6. Gesetz über das Auswanderungswesen vom 9. Juni 1897.

7. Strandungsordnung vom 17. Mai 1874 resp. 30. Dezember 1901.

8. Die Seestrassenordnung vom 5. Februar 1906.

9. Gesetz betr. Untersuchung von Seeunfällen vom 27. Juli 1877.

§ 2. Internationales Privatrecht

Da das freie Meer niemandes Recht unterworfen ist und andererseits die Schiffe vieler Herren Länder zu berühren pflegen, so hat im Seerecht die Frage, welchen Staates Recht zur Anwendung kommt, eine besondere Bedeutung erlangt. Eine gesetzliche Regelung ist so gut wie garnicht vorhanden. Aber in der Rechtsprechung haben sich doch gewisse Grundsätze herausgebildet.

I. Alle dinglichen Rechtsverhältnisse, wie Eigentum, Pfandrecht, Niessbrauch, werden hinsichtlich Begründung, Inhalt und Verlust nach dem Recht des Heimathafens (auch Recht der Flagge genannt) beurteilt.

II. Bei **Verträgen** gilt selbstredend das Recht, welches die Parteien ausdrücklich oder stillschweigend vereinbart haben. Aus der Tatsache allein, dass ein Vertrag, z. B. eine Chartepartie, in fremder Sprache abgefasst ist, soll aber nicht gefolgert werden, dass die Parteien sich auch dem fremden Recht haben unterwerfen wollen. Ist eine Abmachung über das anzuwendende Recht nicht getroffen, so wird im Zweifel für die Form des Vertrages das Recht des Abschlussortes, für den Inhalt aber das Recht des Erfüllungsortes massgeblich sein. Im Einzelnen gilt Folgendes:

1. Der **Time-Charter-Vertrag** richtet sich nach dem Recht des Heimathafens, sofern nicht die Benutzung des Schiffs auf ein bestimmtes fremdes Rechtsgebiet beschränkt ist.

2. Beim **Frachtvertrage** entscheidet das Recht des Abladungshafens über alle Rechtsverhältnisse, die mit der Beladung des Schiffs zusammenhängen, und das Recht des Bestimmungshafens für alle dort zu erfüllenden Verpflichtungen. Bei vorzeitiger Beendigung der Reise wird manchmal das Recht des Bestimmungshafens, manchmal das des Nothafens, manchmal das des Heimathafens angewandt (vergl. Schaps, Vorbemerkung zu § 556 HGB.).

3. Der **Heuervertrag** unterliegt dem Recht des Heimathafens, ausnahmsweise dem des Vertragsschlusses, nämlich dann, wenn die Anheuerung nur für die Dauer des Aufenthalts im Rechtsgebiet des Vertragsortes erfolgt.

4. Für **Seeversicherungsverträge** gilt das Recht des Abschlussortes, nicht das Recht des Bestimmungsortes des versicherten Gegenstandes.

III. Bei der **ausservertraglichen Haftung** ist die Frage am meisten umstritten. In Betracht kommen in erster Linie das Recht des Tatortes (jus loci), sodann das Recht des Heimathafens und schliesslich das des angerufenen Gerichts (jus fori).

1. Bei **Schiffszusammenstössen** gilt:

a) Deutsches Recht (jus fori) stets, wenn ein deutscher Reeder verklagt wird, einerlei, ob die Tat in deutschen oder fremden Gewässern oder gar auf hoher See erfolgt ist, ferner wenn ein Ausländer wegen Zusammenstosses in deutschen Gewässern in Anspruch genommen wird, und schliesslich wenn zwei Schiffe verschiedener Staaten mit voneinander abweichenden Rechten auf hoher See zusammenstossen und beiderseitiges Verschulden in Frage steht.

b. Das Recht des Tatortes bei Ansprüchen gegen fremde Schiffe wegen eines in ausländischen Gewässern erfolgten Zusammenstosses.

c. Das Recht des Heimathafens des in Anspruch genommenen Schiffes, wenn dieses ein ausländisches ist und der Zusammenstoss sich auf hoher See ereignet hat.

2. Bei Bergungen und Hilfsleistungen in Seenot gilt das Recht des Tatortes, wenn die Rettung in den Hoheitsgebieten irgendeines Staates (Dreimeilenzone) erfolgt, das Recht des Heimathafens des geretteten Schiffes bei Rettungen auf hoher See. In letzterem Falle wollen einige das Heimatsrecht des rettenden Schiffs, noch andere das Recht des angerufenen Gerichts gelten lassen.

3. Bei Grosser Haverei ist folgendes zu unterscheiden: Die Frage, wann der Schiffer irgendwelche Werte opfern darf, richtet sich nach dem Recht der Flagge. Dagegen erfolgt die Schadensfeststellung in formeller und materieller Beziehung nach dem Recht des zuständigen Gerichts, also des Bestimmungsorts oder Nothafens (§ 727 HGB.).

Bei Zusammenstössen, Bergungen und Hilfsleistungen ist das Internationale Abkommen vom 23. September 1910 massgeblich, wenn sämtliche beteiligten Schiffe sowie das angerufene Gericht verschiedenen Staaten, oder sämtlich solchen Staaten angehören, welche dem Abkommen beigetreten sind

A. Personen des Seerechts

§ 3. Der Reeder

(§§ 484—488, 510).

a) Reeder (oder Rheder) ist der Eigentümer eines ihm zum Erwerbe durch die Seefahrt dienenden Schiffes (§ 484). Wer ein fremdes Schiff aussendet, z. B. als Mieter, Niessbraucher, ist nicht Reeder sondern Ausrüster. In diesem Fall ist der Eigentümer aber auch nicht Reeder, weil er das Schiff ja nicht selbst benutzt. Dagegen bleibt nach herrschender Ansicht beim Time-Charter-Vertrag der Eigentümer Reeder. Der Eigentümer eines im Bau befindlichen oder abgetakelten Schiffs ist im privatrechtlichen Sinne noch nicht resp. nicht mehr Reeder.

Sowohl physische wie juristische Personen können Reeder sein.

Der Reeder ist begrifflich nicht Kaufmann. Er wird es aber ausnahmslos sein, weil er gewerbsmässig Waren- oder Güterbeförderungen oder Schleppschiffahrtsunternehmungen betreibt (§ 1 Nr. 5 H G B.), und weil der Umfang seines Geschäfts eine Eintragung ins Handelsregister notwendig machen wird (§ 2). —

b) Die Haftung des Reeders ist gegenüber den Vorschriften des Bürgerlichen Rechts in eigenartiger Weise erheblich erweitert mit Rücksicht auf die besonderen Gefahren der Seeschiffahrt für Personen und Sachen und mit Rücksicht auf seine grosse Vertrauensstellung. Da er andererseits selbst durch Aussendung des Schiffs viel aufs Spiel setzt, findet auch wieder eine Beschränkung statt. Er haftet nämlich vielfach nur mit dem sogenannten Schiffsvermögen, das ist das Schiff mit allem Zubehör und der Bruttofracht (einschliesslich Passagegeld und Schlepplohn). Jedes Schiff bildet in diesem Sinne ein abgesondertes Vermögen für sich.

Zunächst soll hervorgehoben werden, dass der Reeder wie jeder andere wegen eigenen vertraglichen oder ausservertraglichen Verschuldens nach den Vorschriften des Bürgerlichen Rechts (namentlich §§ 276, 823 ff. BGB.) in Anspruch genommen werden kann, und dass auch er nach §§ 278, 831 BGB. für das Verschulden seiner Erfüllungsgehilfen, Angestellten und Vertreter einzustehen hat. Das Seerecht beseitigt diese allgemeinen Vorschriften nicht, sondern ergänzt sie nur, aber in einer Weise, dass praktisch die Haftung aus dem Bürgerlichen Recht keine Rolle mehr spielt.

§ 485 HGB. macht den Reeder verantwortlich für den Schaden, den eine Person der Schiffsbesatzung einem Dritten durch ihr Verschulden in Ausführung ihrer Dienstverrichtungen zufügt.

Die Besonderheiten dieser Bestimmung sind folgende:

1. Sie bezieht sich sowohl auf die vertragliche wie ausservertragliche Haftung.

2. Ein Entlastungsbeweis wie in § 831 BGB. fällt weg.

3. Nicht nur für Erfüllungsgehilfen sondern für jede Person der Besatzung (§ 481 HGB.) wird gehaftet (nicht aber für Passagiere!).

4. Der Gläubiger braucht nicht zu beweisen, welche Person der Schiffsbesatzung den Schaden herbeigeführt hat.

5. Das Verschulden umfasst Vorsatz und jede Fahrlässigkeit, unter Umständen auch Unterlassungen, nämlich dann, wenn eine Pflicht zum Handeln, insbesondere zur Fürsorge verletzt ist.

6. In Ausführung der Dienstverrichtungen, nicht nur bei Gelegenheit derselben, muss das Verschulden erfolgt sein.

7. Der Geschädigte kann ein Passagier, ein Ladungsinteressent, eine andere Person der Schiffsbesatzung oder ein beliebiger Dritter sein.

8. Der Schaden kann in Körperverletzung, Sachbeschädigung oder auch allgemein in Vermögensbeeinträchtigung bestehen (z. B. auch entgangener Gewinn).

9. Die Haftung des Reeders ist nur adjectieiae qualitatis, d. h. sie tritt neben die Haftung der schuldigen Person und setzt voraus, dass gegen letztere ein rechtlich durchführbarer Anspruch besteht, sei es auf Grund des Bürgerlichen Gesetzbuches, sei es auf Grund des Seerechts (vergl. betreffs des Schiffers § § 512 ff. HGB.). Ganz anders ist die Haftung des § 831 BGB. gestaltet.

10. Die Haftung ist beschränkt auf das Schiffsvermögen, dafür aber mit einem Schiffsgläubigerrecht ausgestattet.

c) Die juristische Natur der beschränkten Haftung resp. des Schiffsgläubigerrechts ist lebhaft umstritten. Manche betrachten das Gläubigerrecht als ein rein dingliches, andere als ein rein persönliches, aber gegen jedermann gerichtetes Recht (actio in rem scripta). Richtig und herrschend ist wohl die Auffassung eines verbundenen dinglichen und persönlichen Rechts. Die Verknüpfung beider wird man dann als noch enger ansehen müssen als bei der Sicherungshypothek. Der Richter hat die Beschränkung der Haftung von Amtswegen zu berücksichtigen. Die Bedeutung dieses Satzes zeigt sich in folgendem Vergleich:

1. Klagt der Hypothekarier gegen den nur dinglich haftenden Grundeigentümer auf Zahlung, so muss der Richter von Amtswegen die Klage abweisen.

2. Klagt der Schiffsgläubiger gegen den nur beschränkt haftenden Reeder auf Zahlung, so ist von Amtswegen unter Abweisung des weitergehenden Anspruchs der Reeder zur Duldung der Zwangsvollstreckung in das Schiff zu verurteilen.

3. Klagt ein Nachlassgläubiger gegen den Erben, so ist dessen beschränkte Haftung nur zu berücksichtigen, wenn er sich einredeweise darauf beruft. —

Aus der dinglichen Natur des Schiffsgläubigerrechts folgt, dass der Reeder mit seinem Schiffsvermögen nicht etwa nur in Höhe desselben haftet, also cum viribus nicht pro viribus. —

In wohl allen Seerechten ist die Haftung des Reeders für Verschulden der Besatzung beschränkt aber die verschiedenen Staaten haben verschiedene Systeme:

1. Die romanischen Länder, insbesondere Frankreich, sowie die Niederlande haben das Abandonsystem, d. h. der Reeder haftet persönlich und unbeschränkt, kann sich aber durch Preisgabe von Schiff und Fracht befreien.

2. Die skandinavischen Staaten haben wie Deutschland das Exekutionssystem.

3. In England haftet der Reeder mit höchstens und mit höchstens 8 £ bei sonstigen Ansprüchen, 15 £ per Registertonne bei Personenverletzungen.

4. In Nordamerika hat der Reeder ein Wahlrecht zwischen der Haftung bis zur Höhe des Werts von Schiff und Fracht und dem Abandonrecht. —

A n d i e S t e l l e d e s S c h i f f s o d e r d e r F r a c h t treten nach deutschem Recht die Surrogate, und zwar:

1. Bei der Zwangsversteigerung im Inlande der Erlös (§ 761).

2. Beim Notverkauf die Kaufsumme, solange sie noch nicht eingezogen oder wenigstens noch in Händen des Schiffers ist (§§ 530, 761).

3. Bei grosser Haverei die Vergütungen für die gebrachten Opfer (§ 775).

4. Bei Beschädigung und Untergang die Ersatzansprüche gegen schuldige Dritte (§ 775 Abs 2).

Dagegen sind die V e r s i c h e r u n g s g e l d e r von der Haftung frei.

Wird ein Schiff freiwillig veräussert, so bleibt es selbst weiter verhaftet. Sendet der Reeder in Kenntnis der Schiffsgläubigerrechte das Schiff zu neuen Reisen aus, so tritt neben die dingliche Haftung seine persönliche Haftung bis zur Höhe des eingetretenen Wertverlustes (§ 771).

Hat der Reeder die Fracht eingezogen, so tritt an die Stelle der dinglichen Haftung die persönliche Haftung des Reeders bis zur Höhe des untergegangenen dinglichen Rechts der Gläubiger (§ 771 Abs 4). Die Fracht haftet also dinglich nur, solange sie noch aussteht oder in Händen des Schiffers ist (§ 771 Abs 1).

D i e E n t s t e h u n g e i n e s S c h i f f s -g l ä u b i g e r r e c h t s a m e i g e n e n S c h i f f wird anerkannt bei Bergung und Hilfsleistung, nicht aber bei Hilfslohnverträgen zwischen den beiden Schiffern und bei Kollisionen.

Das Schiffsvermögen haftet für die gesetzlichen Erweiterungen der Forderungen, wie Zinsen und Prozesskosten. Streitig ist, ob für letztere auf Grund persönlichen Verschuldens des Reeders noch eine unbeschränkt persönliche Haftung neben die dingliche tritt. Hinsichtlich der Prozesskosten wird die Frage gewöhnlich bejaht. —

d) Die Haftung des Reeders wird nun nach Art und Umfang in 5 Gruppen von Fällen eingeteilt:

I. Der Reeder haftet nur mit dem Schiffsvermögen (§ 486):

1. Aus Verträgen des Schiffers (oder Schiffsmaklers) auf Grund seiner gesetzlichen Vertretungsmacht (z. B. Bodmerei).

2. Aus Verträgen des Reeders, deren Erfüllung zu den Dienstobliegenheiten des Schiffers gehört.

3. Aus Verschulden der Schiffsbesatzung (sowohl vertraglichem wie ausservertraglichem).

4. Aus Bergung und Hilfsleistung in Seenot (und zwar im Zweifel auch dann, wenn ein Vertrag geschlossen ist) (§ 753).

5. Aus grosser Haverei (§ § 725, 726).

II. Der Reeder haftet unbeschränkt persönlich und mit dem Schiffsvermögen:

1. Wenn den Reeder persönliches Verschulden trifft (§ 486 Abs. 2, z. B. § 512 Abs. 3).

2. Wenn er eine Garantie übernommen hat (§ 486 Abs. 2).

3. Aus Dienst- und Heuerverträgen (§ 487).

III. Der Reeder haftet unbeschränkt persönlich, aber nicht dinglich mit dem Schiffsvermögen:

1. Aus Verträgen des Schiffers auf Grund besonderer Vollmacht.

2. Aus Verträgen des Reeders, wenn deren Ausführung nicht zu den Dienstobliegenheiten des Schiffers gehört.

3. Aus Versicherungsverträgen.

IV. Eine beschränkt persönliche Haftung tritt neben die dingliche Haftung, wenn der Reeder in Kenntnis der Schiffsgläubigerrechte das Schiff auf neue Reisen gesandt hat (§ 774).

V. Eine beschränkt persönliche Haftung tritt an Stelle der dinglichen Haftung, wenn die Fracht (§ 771 Abs. 1), der Versteigerungserlös (§ 764), der Notverkaufserlös (§ 764), die Havereigelder (§ 775 Abs. 1) und die Ersatzgelder von schuldigen Dritten (§ 775 Abs. 2) ins Vermögen des Reeders gelangt sind, und ferner wenn er eigene Güter versendet (§ 771 Abs. 5). Es kommt nicht darauf an, ob er bei Einziehung der Geldbeträge von den Gläubigerrechten Kenntnis hatte. —

Das Gericht des Heimathafens ist zuständig für alle Klagen gegen den Reeder. Die durch die Zivilprozessordnung begründeten sonstigen Zuständigkeiten bleiben daneben bestehen (§ 488 HGB.). Nur für Klagen auf Festsetzung des Berge- und Hilfslohns (nicht Zahlung desselben) hat § 39 der Strandungsordnung die aus- schliessliche Zuständigkeit des für den Ort des Strandamts zuständigen Gerichts bestimmt. —

c) Ausrüster ist, wer ein ihm nicht gehöriges Schiff für eigene Rechnung zum Erwerb durch die Seefahrt verwendet (§ 510). Der Begriff »Aus- rüster« bezeichnet das Verhältnis nach aussen. Wie er zum Schiffseigentümer steht, ist gleichgültig. Es mag Niessbrauch, Miete, Leihe, Diebstahl, Unter- schlagung vorliegen. Dagegen wird beim Charter- vertrag (einschliesslich time-charter) der Charterer nicht als Ausrüster angesehen, weil dieser nach aus- sen nicht die nötige Selbständigkeit hat. Hauptunter- scheidungsmerkmal ist, in wessen Diensten der Schif- fer steht. Der Ausrüster kann auch das Schiff selbst führen. Die Rechtsbeziehungen zwischen Eigentümer und Ausrüster richten sich allein nach dem zwischen ihnen bestehenden Rechtsverhältnis.

Nach aussen hat der Ausrüster die Stellung ei- nes Reeders (§ 510). Ihm gebühren die Frachten und der Bergelohn etc. Durch seine Tätigkeit ent- stehen Schiffsgläubigerrechte mit Wirkung gegen den Eigentümer. Aber er darf das Schiff nicht ver- äussern und verbodmen. Soweit die persönliche Haf- tung in Frage kommt, haftet er allein, nicht der Ei- gentümer.

Solange er Ausrüster ist, können auch die Schiffsgläubigerrechte gegen ihn geltend gemacht werden, und zwar nur gegen ihn. Nach Beendigung des Ausrüsterverhältnisses müssen sie gegen den Eigentümer gerichtet werden. Letzterer kann dann einwenden, dass die Schiffsverwendung seitens des Ausrüsters ihm gegenüber widerrechtlich und der Dritte in dieser Hinsicht nicht gutgläubig gewesen sei (§ 510 Abs. 2). Mit gleicher Begründung kann er im Wege der Interventionsklage eine Zwangsvollstreckung in das Schiff auf Grund eines gegen den Ausrüster gerichteten Titels verhindern.

§ 4. Die Reederei

(§ § 489—509).

a) Landläufig versteht man unter Reederei jeden Seeschiffahrtsbetrieb, gleichgültig, ob er vom Einzelreeder, von einer offenen Handelsgesellschaft, Aktiengesellschaft, irgend einer sonstigen Personenmehrheit oder vielleicht von den in Gütergemeinschaft lebenden Ehegatten unternommen wird. Im technischen Sinne bezeichnet der Ausdruck Reederei aber eine ganz bestimmte nur dem Seerecht eigentümliche Gemeinschaft (§ 489).

Eine R e e d e r e i (auch Mitreederei oder Partenreederei genannt) ist eine Mehrheit von Personen (physischen oder juristischen), welche ein ihnen gehöriges Schiff zum Erwerb durch Seefahrt auf gemeinschaftliche Rechnung verwenden. Sie ist ein Mittelding zwischen Gesellschaft, Gemeinschaft und Verein.

Die Mitglieder bilden keine „gesamte Hand", sondern sind zu Bruchteilen am Vermögen, insbesondere am Schiff beteiligt. Die Reedereiforderungen stehen hiernach den einzelnen Mitreedern ebenfalls pro rata zu. Sie können daher ihre Quotenforderungen auch selbstständig einziehen, einklagen oder veräussern (cf. Schaps zu § § 489, 502). Vielfach wird jedoch dieses Recht wegen § 502 bestritten (cf. Brandis I. S. 43) und nur der Gesamtheit der Mitreeder resp. deren Mehrheit das Einziehungsrecht zugebilligt.

Die Reederei ist keine juristische Person, wird auch nicht wie die offene Handelsgesellschaft als solche behandelt. Infolgedessen kann sie nicht Träger von Rechten und Pflichten sein, sie ist weder aktiv noch passiv parteifähig, auch nicht konkursfähig. Nur soweit es sich um die dingliche Haftung der Mitreeder mit dem Schiffsvermögen handelt, lässt die Rechtssprechung neuerdings eine Klage gegen die Reederei als solche zu.

Schuldner der Reedereischulden sind demnach die Mitreeder und zwar im Verhältnis ihrer Anteile am Schiffsvermögen. Sie haften den Gläubigern unmittelbar und in erster Linie (prinzipaliter) (§ 507).

Die Reederei wird b e g r ü n d e t durch Vertrag, der schriftlich (Reederbrief), mündlich oder stillschweigend geschlossen werden kann (§ 490).

Die Reederei e n d i g t :

1. Durch Auflösungsbeschluss mit nachfolgender Auflösung (§ 506).

2. Durch Veräusserung des Schiffs im Wege freihändigen oder öffentlichen Verkaufs, Notverkaufs oder Zwangsversteigerung (§ 506).

3. Bei Totalverlust des Schiffs.

4. Durch Dereliktion sämtlicher Parten.

5. Durch Vereinigung sämtlicher Parten in einer Hand.

6. Durch tatsächliche Einstellung des Schiffahrtsunternehmens.

Dagegen sind keine Auflösungsgründe: Tod, Konkurs, Kündigung oder Ausschliessung eines Mitgliedes. (§ 505). —

N o t w e n d i g e O r g a n e hat die Reederei gesetzlich nicht. Jedoch sind gewöhnlich zwei vorhanden: Die Gesamtheit der Mitreeder und der Korrespondentreeder. Die Bestellung des letzteren ist in Mecklenburg-Schwerin vorgeschrieben.

D i e A b s t i m m u n g d e r M i t r e e d e r erfolgt nach Schiffsparten (§ 491). Es genügt für gewöhnlich Stimmenmehrheit. Nur ausnahmsweise ist Einstimmigkeit erforderlich:

1. Zur Abänderung des Reedereivertrages (§ 491 Abs. 2).

2. Bei Entscheidungen, die dem Reedereivertrage entgegen sind.

3. Bei Entscheidungen, welche dem Zwecke einer Reederei fremd sind.

4. Bei Bestellung eines Korrespondentreeders der nicht Mitreeder ist (§ 492 Abs. 1).

5. Bei Schmälerung wohl erworbener Rechte von Mitreedern.

6. Bei Veräusserung einer Schiffspart an einen Ausländer (§ 503 Abs. 2).

7. Zum Verkauf des Schiffes (§ 506), es sei denn,

a) dass das Schiff unverfrachtet im Inlande liegt oder als reparaturunfähig oder unwürdig condemniert ist, und dass der Verkauf im Wege der öffentlichen Versteigerung vorgenommen werden soll.

b) Der Korrespondentreeder ist der ständige Vertreter der Reederei. Er braucht selbst nicht Mitreeder zu sein, ist es aber vielfach. Ernannt wird er formlos von den Mitreedern durch Mehrheitsbeschluss. Nur wenn er nicht Mitreeder ist bedarf es eines einstimmigen Beschlusses sämtlicher Mitreeder (§ 492). Seine Vollmacht ist nicht übertragbar, jeder Zeit widerruflich und beschränkbar. Die Beschränkung kann aber gutgläubigen Dritten nicht entgegengehalten werden (§ 495). Eine Eintragung ins Schiffsregister findet nicht statt. —

Der Umfang der Vertretungsmacht ist etwas geringer als die des Prokuristen. Er ist befugt, alle Rechtsgeschäfte und Rechtshandlungen vorzunehmen, welche der Geschäftsbetrieb irgendeiner Reederei gewöhnlich mit sich bringt (§ 493). Nur als Beispiele werden für seine Befugnisse aufgezählt in Abs. 2 und 4 des § 493:

1. Ausrüstung, Erhaltung, Verfrachtung des Schiffes.

2. Versicherung von Fracht, Ausrüstungskosten und Havereigeldern.

3. Empfangnahme von Geld aus den gewöhnlichen Geschäften.

4. Anstellung und Entlassung des Schiffers.

5. Vertretung der Reederei vor Gericht. Er kann jedoch nicht im eigenen Namen klagen. Im Rubrum müssen die Mitreeder als Kläger resp. Beklagte aufgeführt werden. Letztere haben die Parteieide zu leisten, während der Korrespondentreeder als Zeuge vernommen werden kann. —

Ohne besondere Vollmacht ist er n i c h t b e -
r e c h t i g t :

1. Wechselverbindlichkeiten für die Reederei
einzugehen.

2. Darlehen aufzunehmen.

3. Das Schiff zu verkaufen oder zu verpfänden.

4. Das Schiff oder die Schiffsparten zu versichern.

Die Mitreeder haften für alle Rechtsgeschäfte
des Korrespondentreeders, die im Rahmen seiner
Vertretungsmacht liegen, auch wenn die einzelnen
Mitreeder nicht genannt sind. Dagegen haften sie
für Delikte des Korrespondentreeders, die bei der
Führung der Reedereigeschäfte begangen sind, nur
nach § 831 BGB, nicht nach § 31 BGB.

Im I n n e n v e r h ä l t n i s zwischen Reederei
und Korrespondentreeder ist der Umfang der Geschäftsführungsbefugnis im wesentlichen der Vertretungsmacht gleich. Jedoch soll er einen Reederbe-
schluss einholen (§ 496):

1. Zu neuen Reisen und Unternehmungen.

2. Zu aussergewöhnlichen Reparaturen.

3. Zur Anstellung und Entlassung des Schiffers.

Der Korrespondentreeder haftet für die Sorgfalt
eines ordentlichen Reeders (§ 497). Die Paragra-
phen 498 und 499 zählen eine Reihe besonderer
Pflichten auf:

1. Er soll abgesondert über seine Geschäftsfüh-
rung Buch führen und die Belege aufbewahren.

2. Er hat jedem Mitreeder auf Verlangen Auskunft zu geben und ihm Einsicht in Bücher, Briefe
und Papiere zu gewähren.

3. Auf Verlangen der Reederei hat er jeder Zeit
Rechnung zu legen. Wird er durch Mehrheitsbeschluss entlastet, so kann doch die überstimmte Mi-
norität noch ihre Rechte gegen den Korrespondentreeder geltend machen.

c) Die einzelnen Mitreeder sind unbeschränkt nachschusspflichtig nach Verhältnis ihrer Parten. Ist ein Mitreeder mit seinen Beiträgen
in Verzug und geht ein anderer Mitreeder für ihn
in Vorschuss, so ist er verpflichtet 5% Zinsen zu
zahlen und die Versicherungsunkosten des anderen
zu tragen. Denn letzterer hat kraft Gesetzes ein ver-

sicherbares Interesse an der Part des Einschusspflichtigen (§ § 500, 352 Abs. 2). Im Konkurse des letzteren hat er ein Absonderungsrecht (§ 46 KO).

Zum Ausgleich für die unbeschränkte Nachschusspflicht hat der Mitreeder ein auf 3 Fälle beschränktes A b a n d o n r e c h t (§ 501):

1. Wenn eine neue Reise beschlossen ist.

2. Wenn nach Beendigung einer Reise die Reparatur des Schiffes beschlossen ist.

3. Wenn die Befriedigung eines bloss dinglichen Gläubigers aus dem Landvermögen beschlossen ist.

Die abandonnierte Part fällt dann ersatzlos den übrigen Mitreedern nach Verhältnis ihrer Parten zu.

Voraussetzungen für das Abandonrecht des Mitreeders sind (§ 501 Abs. 2):

1. Er darf dem Beschluss nicht zugestimmt haben, einerlei, ob er dagegen gestimmt, oder geschwiegen hat oder abwesend gewesen ist.

2. Er muss binnen drei Tagen die Aufgabeerklärung gerichtlich oder notariell den Mitreedern oder dem Korrespondentreeder kundgeben. War er anwesend, so beginnt die dreitägige Frist mit dem Beschluss, andernfalls mit der Mitteilung des Beschlusses (blosse Kenntnis genügt nicht).

Durch die Aufgabe der Schiffspart befreit sich der Mitreeder von den ihm durch den Beschluss auferlegten Leistungen. Dagegen bleibt er für seine früheren persönlichen Verbindlichkeiten verhaftet. Die auf der Part lastenden dinglichen Rechte verbleiben bei der Part.

In Mecklenburg-Schwerin gibt es an Stelle des Abandonrechts das sogenannte ›Setzungsrecht‹ (Art. 19 EG. HGB. und § 53 der Einführungsverordnung zum HGB). —

Die S c h i f f s p a r t e n sind teilbar, zusammenlegbar, vererblich, veräusserlich, verpfändbar, pfändbar (§ 858 ZPO.) und können mit einem Niessbrauch belastet werden.

Zur Veräusserung bedarf es der Zustimmung aller Mitreeder, wenn in Folge derselben das Recht verloren geht, die deutsche Reichsflagge zu führen (§ 503). Im übrigen ist die Veräusserung nicht beschränkt und formlos. Nur sind sowohl der Veräusserer wie der Erwerber verpflichtet, dem Korrespondentreeder oder sämtlichen Mitreedern Anzeige zu machen (§ 504).

Hieraus ergeben sich drei Stadien:

1. Für die bis zur Veräusserung entstandenen persönlichen Schulden haftet der Veräusserer.

2. Für die zwischen Veräusserung und Anzeige erwachsenen Verbindlichkeiten haften Veräusserer und Erwerber als Gesamtschuldner. Der Erwerber hat gegenüber den Mitreedern schon Pflichten aber keine Rechte (§ 507).

3. Die nach der Anzeige entstandenen Schulden treffen den Erwerber allein, von nun an hat er den Mitreedern gegenüber die vollen Rechte eines Parteninhabers.

Diese Vorschriften finden keine Anwendung auf die Zwangsversteigerung der Part. Die Verteilung von Gewinn und Verlust geschieht nach Parten, und zwar entweder nach Beendigung einer Reise im Heimatshafen oder nach Beendigung einer solchen in einem anderen Hafen, sofern letzterenfalls die Schiffsmannschaft entlassen ist. Ueberflüssige Gelder sind auch zu anderen Zeiten vorläufig zu verteilen (§ 502).

Ebenso wie der Einzelreeder können auch die Mitreeder einzeln oder in ihrer Gesamtheit von Dritten oder von Mitreedern vor dem Gericht des Heimatshafens ihres Schiffes verklagt werden (§ § 488, 508).

d. Die Baureederei. Da zum Begriff der Reederei der Erwerbsbetrieb der Schiffahrt gehört, so können vor Beginn eines solchen die Vorschriften der Reederei nicht zur Anwendung kommen. Vorher wird mithin eine Gesellschaft des Bürgerlichen Rechts vorliegen. Immerhin schreibt das Gesetz vor, dass auf eine solche Personenvereinigung gewisse Regeln aus dem Recht der Reederei zur Anwendung kommen sollen (s. g. Baureederei). Man muss 2 Stadien unterscheiden (§ 509):

1. Die Reederei während des eigentlichen Baues: Es gelten auch jetzt schon die Bestimmungen über Abstimmung nach Parten (§ 491), Beitragspflicht (§ 500), Fortbestehen bei Konkurs und Tod eines Mitgliedes (§ 505) und ratierliche Haftung (§ 507). Dagegen

1. Die Schiffspart kann nicht veräussert oder abandonniert werden.

2. Ein Auflösungsbeschluss ist unzulässig.

3. Die Vorschriften über Gewinn- und Verlustverteilung kommen in Wegfall.

4. Es gibt noch keinen Gerichtsstand des Heimathafens.

5. Ein Korrespondentreeder kann nur bestellt werden für die Geschäfte des künftigen Reedereibetriebs.

II. Von der Ablieferung bis zur Inbetriebnahme des Schiffs sind ferner zulässig:

1. Die Veräusserung der Schiffspart (§ 503, 504).

2. Der Auflösungsbeschluss (§ 506).

§ 5. Der Schiffer

(§ § 511—555).

a) Der Schiffer ist der Führer eines zum Erwerb durch Seefahrt bestimmten Schiffs.

Er hat eine vierfache Stellung:

1. Er ist nautischer Schiffsdirektor.

2. Er ist Vorgesetzter der Mannschaften (evtl. auch der Passagiere), patronus.

3. Er ist Vertreter des Reeders.

4. Er ist Vertreter der Ladungsinteressenten (Supercargo).

Er bedarf gemäss § 31 Gewerbeordnung und Reichsgesetz vom 25. VII. 1925, eines Befähigungszeugnisses, das weder auf Zeit erteilt noch auf Zeit entzogen werden kann (§ § 10, 13 GO.). Das Zeugnis wird erlangt auf Grund einer Prüfung, der man sich erst nach mehrjährigem Seefahren unterwerfen kann. Man unterscheidet Befähigungszeugnisse

1. Für Küstenfahrt.

2. Für kleine Fahrt (Kanal, Ostsee, Nordsee) mit Schiffen bis 400 cbm.

3. Für grosse Fahrt.

Gemäss § 26 des Reichsgesetzes vom 27. Juli 1877 kann das Seeamt durch Spruch dem Schiffer die Befugnis, ein Schiff zu führen, entziehen, wenn er einen Seeunfall verschuldet hat. Unabhängig hiervon sind die evtl. strafgerichtliche Ahndung und zivilrechtliche Verantwortlichkeit. Weder Straf- noch Zivilgerichte sind an die Entscheidungen des Seeamts gebunden. Auch pflegen die Gerichte die vor dem Seeamt erhobenen Zeugenbeweise zu wiederholen, da die Protokollierung gewöhnlich den Vorschriften der Prozessordnungen nicht entspricht.

b) Die Anstellung des Schiffers erfolgt durch Vertrag, und zwar ist dieser ein Dienstvertrag im Sinne des § 675 BGB. abseiten des Reeders resp. Korrespondentreeders. Der Vertrag ist formlos.

Im Fall der Verhinderung kann der Schiffer selbst einen anderen Schiffer einsetzen, sofern nach Sachlage ein Eingreifen des Reeders nicht angängig ist (§ 516 Abs. 2). Tritt aber der 1. Offizier oder Steuermann an Stelle des verstorbenen oder behinderten Schiffers, ohne von letzterem als Nachfolger eingesetzt zu sein, so hat er zwar die Pflichten, die Kommandogewalt und Vertretungsbefugnisse des Schiffers, nicht aber dessen Rechte. Ferner sind die Reichskonsuln befugt, an Stelle eines gestorbenen, erkrankten oder sonst untauglich gewordenen Schiffers auf Antrag der Beteiligten einen neuen Schiffsführer einzusetzen (§ 35 RG. vom 8. 11. 1867). Sowohl der frühere Schiffer wie der Konsul können zum Ersatzschiffer Personen bestellen, die keinen Befähigungsnachweis haben. Hat dagegen der Reeder einen Schiffer ohne Befähigungsnachweis angestellt, so ist der Vertrag nichtig. —

c) Ganz eigenartig ist die Haftung des Schiffers geregelt:

Zunächst haftet er dem Reeder gegenüber natürlich aus dem Anstellungsvertrage für die Sorgfalt eines ordentlichen Schiffers (§ 511). Sodann kommen jedem Dritten gegenüber die Vorschriften über unerlaubte Handlungen (§ § 823 ff. BGB.) zur Anwendung. Daneben aber lässt das Gesetz ihn einer ganzen Gruppe von Personen gegenüber (den sogenannten Reiseinteressenten) so haften, als wenn er mit ihnen in einem Vertragsverhältnis stände. Diese besondere Haftung (obligatio e lege) hat zur Folge, dass der Schiffer sich zu entlasten (exkulpieren) hat, und dass er für jeden Schaden einzustehen hat, nicht nur wie bei unerlaubten Handlungen für den voraussehbaren Schaden. Diese Reiseinteressenten sind: Die Ladungsbeteiligten, die Reisenden, die Besatzung und sogar die Kreditgeschäftsgläubiger (§ 512). Eine Erweiterung dieses Personenkreises im Wege der Gesetzesanalogie ist ausgeschlossen.

Der Reeder haftet neben dem Schiffer als Gesamtschuldner, aber nur dinglich mit dem Schiffsvermögen, evtl. beschränkt — persönlich (§ 774). Hat der Schiffer nach Anweisung des Reeders gehandelt, so wird dadurch die Haftung des Schiffers nicht gemindert, aber die Haftung des Reeders verschärft, insofern als dessen unbeschränkt persönliche Haftung hinzutritt (§ § 512 Abs. 2 und 3, 486 Abs. 2). —

d) Die Pflichten des Schiffers sind im Gesetz einzeln, wenn auch nicht erschöpfend aufgeführt. Hervorgehoben soll werden, dass diese Pflichten nicht nur gegenüber dem Reeder, sondern auch gegenüber den Reiseinteressenten bestehen (wenigstens zum weitaus grössten Teil).

1. Er hat für Seetüchtigkeit (die Klassifizierung ist nicht immer massgeblich) Ausrüstung, Bemannung (die Nationalität der Seeleute ist gleichgültig), Verproviantierung und das Vorhandensein der Schiffspapiere zu sorgen. Zu letzteren gehören: Schiffszertifikat, Flaggenattest, Musterrolle, Schiffstagebuch, Abrechnungsbuch, Unfalljournal, Unfallverhütungsvorschriften und Seemannsordnung; nicht unbedingt erforderlich sind: Messbrief, Klassifikationsattest und Seefahrtsbücher. (§ 513).

2. Er hat zu sorgen für gute Lade- und Löschgerätschaften, für Stauung, (auch wenn diese durch besondere Stauer geschieht), Beladung, Ballast und Garnierung (das ist Unterlage für die Ladung, damit diese nicht die Schiffsseiten und -boden berühren (§ 514).

3. Er hat im Auslande die Steuer-, Polizei- und Zollgesetze zu beachten, darf keine Konterbande an Bord nehmen (§ 515).

4. Er hat für rechtzeitigen Reiseantritt zu sorgen und für Stellvertretung im Fall seiner Verhinderung. Für den Stellvertreter haftet er aber nicht

wie für einen Erfüllungsgehilfen, sondern nur für culpa in eligendo (§ 516).

5. Er darf das Schiff vom Beginn der Ladung bis zur Beendigung der Löschung nur in dringenden Fällen gleichzeitig mit dem Steuermann verlassen. Stets muss er für Vertretung sorgen und bei Gefahr sich unverzüglich wieder an Bord begeben (§ 517).

6. Er muss die tägliche Führung des Schiffstagebuchs durch den Steuermann beaufsichtigen (§ § 519, 520). Ueber die Führung des Tagebuchs sind im Jahre 1889 von den Einzelstaaten auf Grund gemeinsamen Beschlusses Verordnungen erlassen.

7. Er hat bei Reiseunfällen, die Vermögensnachteile für Reeder oder Reiseinteressenten zur Folge haben, im Bestimmungshafen, im Nothafen oder am ersten geeigneten Orte gerichtliche Verklarung unter Vorlage des Schiffstagebuchs eidlich abzulegen (§ § 522—525).

8. Er hat die Grenzen seiner Vertretungsmacht innezuhalten, die Anweisungen des Reeders zu befolgen, Nachrichten zu geben und mindestens nach jeder Reise Rechnung zu legen (§ 531 Abs. 1, 2, 5).

9. Ohne Anweisung des Reeders darf er keine Güter für eigene Rechnung verladen (§ 541).

10. Alles, was er von den Ladungsinteressenten als Belohnung oder Entschädigung erhält, insbesondere Kaplaken (d. i. Tantieme) und Primage, hat er dem Reeder herauszugeben (§ 513). Diese Bestimmung bedeutet eine Einschränkung gegenüber dem § 667 BGB.

c. Der Schiffer hat auf Grund des Anstellungsvertrages eine gesetzlich geregelte V e r t r e t u n g s - m a c h t f ü r d e n R e e d e r. Dieselbe kann erweitert und beschränkt werden. Jedoch kann die Beschränkung einem Dritten nur entgegengehalten werden, wenn er sie gekannt hatte (Kennen ist hier nicht gleich Kennen müssen) (§ 531). Für alle Geschäfte, welche der Schiffer innerhalb seiner Vollmacht abschliesst, haftet nicht der Schiffer, sondern nur der Reeder mit dem Schiffsvermögen (§ 533).

Ueberschreitet der Schiffer seine Vollmacht, so ist er nicht nur dem Reeder verantwortlich, sondern haftet auch persönlich dem Vertragsgegner (§ § 533 Abs. 2 HGB. 179 BGB.).

Im Heimathafen ist die Vertretungs-
macht des Schiffers sehr beschränkt. Er kann nur:

1. Die Schiffsmannschaft anheuern (§ 526
Abs. 2),

2. die Konnossemente zeichnen (§ 642 Abs. 1),

3. den Reeder in Passivprozessen vertreten, soweit dessen nichtpersönliche Haftung in Frage
kommt (§ 761), d. h. er kann verklagt werden.
Partei ist dann aber stets der Reeder.

Ausserhalb des Heimathafens
kann der Schiffer dagegen alle Geschäfte vornehmen,
welche sich auf sein Schiff und die vorliegen-
de Reise beziehen, insbesondere die Ausrüstung,
Bemannung, Verproviantierung, Befrachtung und
Erhaltung des Schiffs betreffen (§ 527).

Dagegen kann er weder Schiff, Fracht noch Ladung versichern.

Als Vertreter des Reeders kann er alle Klagen
anstrengen, die sich auf seinen Wirkungskreis beziehen (§ 527 Abs. 2). Verklagt werden kann er
jedoch auch jetzt nur in Fällen der dinglichen Haftung des Reeders (§ § 696, 761).

Eingeschränkt ist die Vertretungsmacht
des Schiffers bei Kreditgeschäften.

1. Darlehen, Kreditkäufe und ähn-
liche Kreditgeschäfte kann der Schiffer vornehmen,
nur wenn sie zur Erhaltung des Schiffs oder zur
Ausführung der Reise notwendig und insoweit sie
zur Befriedigung des Bedürfnisses erforderlich waren. Die Geschäfte sind aber auch dann gültig,
wenn der Schiffer die empfangenen Leistungen anderweitig verwendet, wenn er ein unzweckmässiges
Kreditgeschäft eingeht oder wenn ihm das erforderliche Geld anderweitig zur Verfügung gestanden
hat, es sei denn, dass in diesen drei Fällen der Kreditgeber bösgläubig war. Der Kreditgeber ist für die
Voraussetzungen des Kreditgeschäfts, der Reeder
für den bösen Glauben des Kreditgebers beweispflichtig (§ 528). Der Kreditgeber ist »Reiseinteressent«.

2. Zu Bodmereigeschäften ist der
Schiffer nur befugt, wenn und soweit sie zur Ausführung der Reise — nicht auch zur Erhaltung des
Schiffs — notwendig sind. Im übrigen gilt dasselbe
wie zu 1) (§ 528).

3. Auf den **persönlichen Kredit** des Reeders kann der Schiffer überhaupt keine Geschäfte machen, es sei denn, dass er hierfür besondere Vollmacht erhalten hat (§ 529). Der letzte Satz des § 529, der schwer verständlich ist und zu § 512 Abs. 3 in Widerspruch zu stehen scheint, soll nach Schaps nur bedeuten, dass die Vollmacht ausdrücklich erteilt sein müsse.

Erweitert ist die Vertretungsmacht des Schiffers durch die Vorschriften über den **Notverkauf** (§§ 530, 761).

Der Schiffer kann das Schiff verkaufen, wenn die dringende Notwendigkeit durch das Ortsgericht (eventuell eine andere Behörde) nach Anhören von Sachverständigen unter Zuziehung des deutschen Konsuls festgestellt ist. Ist solche gerichtliche Feststellung nicht möglich, so muss ein Sachverständigengutachten oder sonstige Beweise eingeholt werden (§ 530).

Der Verkauf muss öffentlich geschehen (d. h. in öffentlicher Versteigerung). Ist der Verkauf hiernach **rechtmässig**, so geht das Eigentum am Schiff auf den Erwerber über und es erlöschen die Schiffsgläubigerrechte und die sonstigen Pfandrechte am Schiff. Der Kauferlös tritt an die Stelle des Schiffs (§ 76b). Ist der Verkauf **nicht ordnungsgemäss** erfolgt, so ist er zwar nicht absolut nichtig, aber der gutgläubige Käufer und der Reeder können ihn als nichtig behandeln, und zwar der Reeder auch gegenüber dem gutgläubigen Käufer, denn der gute Glaube heilt nicht die mangelnde Vertretungsmacht. § 366 HGB findet keine Anwendung. Die dinglichen Rechte am Schiff bleiben in diesem Fall bestehen. Der Schiffer macht sich dem Reeder schadensersatzpflichtig, ob auch den Reiseinteressenten (§ 512) ist streitig. —

Die Geschäftsführungsbefugnis des Schiffers im Verhältnis zum Reeder geht ebensoweit wie die gesetzlich festgelegte Vertretungsmacht, soweit nicht besondere Abmachungen oder Anweisungen bestehen (§ 531 Abs. 1).

4. Zu den **Ladungsbeteiligten** (Befrachter, Ablader, Empfänger) tritt der Schiffer kraft Gesetzes in ein besonderes Verhältnis, welches

Pflichten, Befugnisse und eine beschränkte Vertretungsmacht erzeugt, aber keine Ansprüche auf Vergütung.

Zunächst bestehen diejenigen P f l i c h t e n, welche in den § § 511—526 aufgezählt und oben bereits besprochen sind, auch gegenüber den Ladungsbeteiligten. Als besondere wesentliche Verpflichtung kommt hier aber noch hinzu die F ü r s o r g e f ü r d i e L a d u n g (§ 535). Zur Abwendung oder Verringerung eines Verlustes soll der Schiffer

1. Weisungen der Ladungsinteressenten einholen, und tunlichst befolgen,

2. bei Anhaltung und Aufbringung reklamieren,

3. gerichtlich und aussergerichtlich die Wiedererlangung betreiben,

4. sonst alle geeigneten Massregeln ergreifen und

5. die Beteiligten von dem Veranlassten benachrichtigen.

Bei Widerstreit der Interessen zwischen mehreren Ladungsbeteiligten untereinander und mit denen des Reeders soll er sorgsam abwägen. Nur wo die Interessen annähernd gleichwertig sind, darf er die des Reeders vorgehen lassen. Dies wird gefolgert aus dem Wörtchen »zugleich« in § 535. Diese Fürsorgepflicht besteht nur »während der Reise«, d. h. vom Verlassen des Abgangshafens bis zur Ankunft im Bestimmungshafen (Schaps), nach anderen bis zur Ablieferung an die Kaianstalt (Brandis) resp. an den Empfänger (Ehrenberg). —

Um in gehöriger Weise für die Ladung sorgen, notfalls aber auch im Interesse des Schiffs die Ladung opfern zu können, ist dem Schiffer eine Reihe von B e f u g n i s s e n eingeräumt:

1. Er kann die Ladung für Zeit oder dauernd löschen lassen (§ 535), und zwar sowohl im Interesse des Schiffs wie des Betroffenen oder anderer Ladungsbeteiligten (§ 563 Abs. 1).

2. Er kann sie über Bord werfen, wenn sie das Schiff oder die übrige Ladung gefährdet.

3. Er kann die Ladung verteuern oder sonstwie verwenden, wenn es zur Fortsetzung der Reise notwendig ist (§ 538).

4. Er kann die Reise in anderer Richtung fortsetzen oder einstellen oder zurückkehren, wenn die Fortsetzung der Reise in ursprünglicher Richtung durch Zufall verhindert wird (§ 537).

5. Durch Abschluss von Berge- und Hilfslohnverträgen kann er die Ladung dinglich belasten.

6. Er kann die Ladung v e r b o d m e n. Hier sind mehrere Fälle zu unterscheiden:

a) I m a l l g e m e i n e n I n t e r e s s e der betroffenen Ladungsbeteiligten kann er die Ladung verbodmen, um die Mittel zu ihrer Erhaltung und Weiterbeförderung zu beschaffen (§ 535 Abs. 3). In diesem einzigen Falle kann er die Ladung allein ohne Schiff und Fracht verbodmen (§ 680 Abs. 2).

b) Zum Zwecke der Fortsetzung der Reise kann er die Ladung verbodmen, aber nur zusammen mit Schiff und Fracht (§ § 538, 680 Abs. 2).

c) Im Fall der grossen Haverei kann er sie zusammen mit Schiff und Fracht verbodmen (§ § 539, 680 Abs. 2).

d) Im Fall der besonderen (partikulären) Haverei ist die Verbodmung der Ladung (wiederum nur zugleich mit dem Schiff und der Fracht) nur zulässig, wenn dem Bedürfnis nicht auf anderem Wege und nur mit unverhältnismässigem Schaden für den Reeder abgeholfen werden könnte (§ 540 Abs. 1 und 2).

7. Der Schiffer darf die Ladung oder Ladungsteile v e r k a u f e n, und zwar freihändig:

a) wenn ein erheblicher Verlust wegen drohenden Verderbs oder aus sonstigen Gründen anders nicht abzuwenden ist, aber nur im Interesse des betreffenden Ladungsbeteiligten selbst (§ 535 Abs. 3).

b) im Falle der grossen Haverei (§ 539).

c) zum Zwecke der Fortsetzung der Reise (in diesem Fall darf naturgemäss nur ein Teil der Ladung verkauft werden) (§ 538).

d) im Fall der besonderen Haverei, wenn dem Bedürfnis nicht mehr auf anderm Wege oder nur mit unverhältnismässigem Schaden für den Reeder abgeholfen werden könnte (§ 540).

Die zuletzt genannten drei Befugnisse Nr. 5, 6, 7 schliessen eine b e s c h r ä n k t e g e s e t z l i c h e V e r t r e t u n g s m a c h t des Schiffers für die Ladungsbeteiligten ein. Sie beruht nicht nur dem Umfange, sondern auch dem Grunde nach auf dem Gesetz. Denn ein Vertrag besteht zwischen dem Schiffer und den Ladungsbeteiligten nicht. Durch die drei Geschäfte (Berge- und Hilfslohnversprechen, Bodmerei und Verkauf) entstehen unmittelbar Rechte und Pflichten der Ladungsbeteiligten. Jedoch haften diese nur beschränkt mit der Ladung. Auf den persönlichen Kredit der Ladungsbeteiligten darf der Schiffer kraft Gesetzes keine Geschäfte abschliessen (§ 537). In allen Fällen der Verbodmung und des Verkaufs (§ § 535, 538—540) sind die Geschäfte für die Ladungsbeteiligten nicht verbindlich, wenn der Schiffer die Gelder anderweitig verwendet, wenn er ein unzweckmässiges Geschäft gemacht oder wenn er das erforderliche Geld zur Verfügung gehabt hat u n d der Vertragsgegner bösgläubig war (§ § 542—528 Abs. 2). Im Fall der partikulären Haverei (§ 540) fasst der Gesetzgeber die Verwendung, die Verbodmung und den Verkauf so auf, als wenn der Schiffer mit sich selbst gleichzeitig als Vertreter der Ladungsinteressenten und des Reeders für Rechnung des letzteren ein Kreditgeschäft gemacht hätte (§ 541).

Der Schiffer kann als Vertreter im Namen der Ladungsinteressenten klagen, soweit es sich um die Wiedererlangung entzogener Ladungsteile handelt. Er ist auch passiv zur Klage legitimiert, soweit Verlust der Ladung und Unterbrechung des Weitertransports in Frage steht (§ 535 Abs. 3).

Der Umfang der gesetzlichen Vertretungsmacht ist nur da beschränkbar, wo das alleinige Interesse des betreffenden Ladungsbeteiligten in Frage steht. Die Beschränkung kann Dritten nur entgegen gehalten werden, wenn sie ihnen bekannt war (folgt analog aus § 531).

g) Im V e r h ä l t n i s z u r S c h i f f s b e - s a t z u n g ist der Schiffer Vorgesetzter. Er bleibt es auch, wenn ein Lotse an Bord kommt. Letzterem gebührt nur die nautische Leitung. Viele betrachten ihn auch nur als Beistand und Berater des Schiffers. Der Schiffer kann einen Schiffsrat (d. i. Versammlung der Schiffsoffiziere unter Leitung des Schiffers) berufen, sofern er es für angemessen hält. Der Beschluss des Schiffsrats hat aber nur die Bedeutung eines Gutachtens. Er befreit ihn nicht von seiner Verantwortlichkeit, bindet ihn aber auch nicht (§ 518). Der Schiffer hat eine Schiffsordnung festzusetzen und deren Befolgung zu erzwingen. Er hat eine beschränkte Disziplinargewalt, kann z. B. Straldienst verhängen, die Kost schmälern und dergl. Bei Widersetzlichkeit kann er fesseln lassen. Das Nähere ist in der Seemannsordnung geregelt. Eine eigentliche Strafgewalt hat er nicht mehr, jedoch kann er provisorische Massnahmen treffen.

An Stelle des Standesbeamten kann er Geburten und Sterbefälle beurkunden, nicht aber Ehen schliessen (RG. vom 6. II. 1875).

In Den Passagieren gegenüber hat er nur das Recht und die Pflicht, Beachtung der Schiffsordnung zu fordern und zu erzwingen.

Für Auswanderer bestehen nach der Bekanntmachung des Bundesrats vom 14. März 1898 besondere Bestimmungen. Er kann und soll die Schlafenszeiten regeln, die Reinlichkeit überwachen etc.

i. Die Stellung des Schiffers endigt:

1. Durch seinen Tod (nicht den des Reeders). Der Reeder hat in diesem Fall zu zahlen (§ 551):

a. Die bis zum Todestage verdiente Heuer,

b. die Beerdigungskosten, wenn der Tod nach Antritt der Reise erfolgt ist.

c. eine angemessene Belohnung, wenn der Schiffer bei Verteidigung des Schiffes getötet wird.

2. Durch Zeitablauf oder Eintritt einer auflösenden Bedingung.

3. Durch dauernde Behinderung des Schiffers z. B. Krankheit.

Erkrankt der Schiffer nach Antritt des Dienstes, so hat er Anspruch

a. auf Heilbehandlung und Verpflegung für 26 resp. 13 Wochen, muss sich aber eine Unterbringung in einer Krankenanstalt gefallen lassen (§ 553).

b. auf freie Rückbeförderung oder entsprechende Vergütung, falls er nicht in den Heimats- oder Anheuerungshafen zurückgekehrt ist (§ 553 VI).

c. auf Heuer bis zur Einstellung des Dienstes (§ 553 a).

d) auf angemessene Belohnung, wenn er bei Verteidigung des Schiffes verletzt ist (§ 553 a).

Alle vier Ansprüche entfallen, wenn der Schiffer sich die Krankheit durch eine strafbare Handlung zugezogen hat, oder wenn er den Dienst widerrechtlich verlassen hat (§ 553 b).

4. Durch U n t e r g a n g d e s S c h i f f e s, es sei denn, dass der Schiffer nicht für ein bestimmtes Schiff angestellt war. Er hat Anspruch auf freie Rückbeförderung oder entsprechende Vergütung (§ 555). Der Schiffer ist bei Untergang des Schiffes noch verpflichtet, Verklarung abzulegen und die sonst notwendigen Angelegenheiten zu besorgen. Während der hierfür erforderlichen Zeit kann er noch Heuer und Unterhalt verlangen (§ 555).

5. Durch A b s e t z u n g seitens des Reichskonsuls im Fall der Untüchtigkeit (§ 35 des Gesetzes vom 8. 11. 1867).

6. Durch E n t l a s s u n g seitens des Reeders, die jeder Zeit zulässig ist, unbedingt der Entschädigungsansprüche (§ 545). Hinsichtlich der letzteren ist zu unterscheiden:

a) Bei Entlassung wegen Untüchtigkeit oder Pflichtverletzung kann der Schiffer nur die verdiente Heuer verlangen (§ 546).

b) Bei Entlassung wegen zufälliger Behinderung der Reise, z. B. Krieg, Embargo etc., hat er Anspruch auf die verdiente Heuer und freie Rückbeförderung (resp. entsprechende Vergütung (547).

c) Bei Entlassung aus sonstigen Gründen (also namentlich auch ohne Grund) ist der Reeder schadensersatzpflichtig nach den Vorschriften des Bürgerlichen Rechts. Nur wenn der Schiffer auf unbestimmte Zeit angestellt war, beschränken sich seine Ansprüche auf Rückbeförderung und Heuer während der Rückreise, und falls er eine bestimmte Reise angetreten hatte, auf eine Monatsheuer (§ § 548, 550).

7. Durch K ü n d i g u n g seitens des Schiffers, die in Ermangelung besonderer Abmachungen jeder Zeit zulässig ist (§ 671 BGB.). Nur wenn er seine Reise bereits angetreten hat, muss er bis zur Rückkehr in den Heimatshafen oder bis zur Löschung in einem anderen inländischen Hafen im Dienst bleiben, es sei denn, dass bereits 2—3 Jahre seit Antritt der ersten Reise verflossen sind (§ 551).

8. Durch Patentverlust.

k) Ist der Reeder selbst Schiffer, so
hat er eine Doppelstellung, deren Behandlung streitig ist. Die einen wollen seine Persönlichkeit zerle-
gen und ihn, soweit er als Schiffer tätig wird, nur
mit dem Schiffsvermögen haften lassen. Die anderen (z. B. Brandis) wollen ihn stets dann persönlich haften lassen, wenn eine persönliche Haftung als
Reeder oder als Schiffer in Frage kommt. Letzteres
ist wohl herrschend. Schaps vertritt eine Mittelmei-
nung. Jedenfalls haftet der Reederschiffer auch für
sein nautisches Verschulden persönlich (anders § 4
B. Sch. G.).

Für den Schiffermitreeder gilt gleiches. Zu beachten ist bei ihm nur noch das Recht, von den Mitreedern Abkauf der Part zu verlangen im Falle seiner unfreiwilligen Entlassung (§ 552).

Im Gegensatz zum Reederschiffer heisst der angestellte Schiffer: Setzschiffer.

§ 6. Die Besatzung (Seemannsordnung)

a) Die Angelegenheiten der Besatzung sind geregelt in der Seemannsordnung vom 2. Juni 1902 (2. Mai 1904). Die Vorschriften sind zwingendes Recht, soweit nicht das Gesetz selbst anderes bestimmt (§ 1 Abs. 2). Nur für Seeschlepper,
Bergungsfahrzeuge und Hochseefischer, sofern die
Mannschaft am Gewinn beteiligt ist, gilt völlige
Vertragsfreiheit (§ 135).

Gemäss § 5 SO. haben die Einzelstaaten in den
grösseren Hafenplätzen Seemannsämter ein-
gerichtet, welche die An- und Abmusterung der
Mannschaft zu besorgen, aber auch eine gewisse
richterliche Tätigkeit auszuüben haben. Im Auslande wird die Tätigkeit der Seemannsämter durch die
Reichskonsulate ausgeübt. —

b) Die Besatzung eines Schiffes besteht
aus (§ 481 HGB.):

1. Dem Schiffer (Kapitän),
2. den Schiffsoffizieren, das sind: die Steuerleute, Maschinisten, Aerzte, Proviantmeister, Zahlmeister (§ 2 Abs. 2).

3. der Mannschaft, das sind: Matrosen, Heizer, Köche, Stewards, Musiker, Reinmachefrauen.

Es gehören nur solche Personen zur Besatzung, welche auf dem Schiffe festangestellt sind, also nicht: der Lotse, die Stauer, die Schauerleute, die Besatzung eines Schleppers oder Leichters. —

In anderer Hinsicht teilt man die Besatzung ein in S c h i f f e r - und S c h i f f s m a n n s c h a f t und letztere wieder in:

1. Eigentliche Schiffsmannschaft (Steuerleute und Matrosen),

2. Maschinenpersonal (Maschinisten und Heizer),

3. sonstige Angestellte (Arzt, Zahlmeister, Proviantmeister, Koch, Steward etc.).

Die Steuerleute und Maschinisten bedürfen eines Befähigungsnachweises.

c) D i e A n s t e l l u n g erfolgt durch Anheuerung und Anmusterung.

Die A n h e u e r u n g ist ein formloser privatrechtlicher Vertrag, der nur zivilrechtliche Folgen hat. Der Schiffer soll aber dem Schiffsmann einen H e u e r s c h e i n ausstellen (§ 27). Die Anheuerung wird vielfach durch Makler (Heuerbase) vermittelt. Die Anstellung erfolgt für eine bestimmte Reise, für bestimmte Zeit oder für unbestimmte Zeit.

Tritt der Seemann den Dienst nicht an, so hat der Reeder ein Rücktrittsrecht, auch wenn Verschulden nicht vorliegt, bei Verschulden hat er Schadensersatzansprüche. Entweicht der Seemann, so geht er der bereits verdienten Heuer verlustig und wird schadensersatzpflichtig. Seine Effekten haften. Die übrige Mannschaft hat keinen Anspruch auf Mehrlohn für erhöhte Arbeit. (§ 50).

Die A n m u s t e r u n g ist ein behördlicher Akt vor dem Seemannsamt (§ § 7—17). Es ist eine Verlautbarung des Heuervertrages, die vom Schiffer zu veranlassen ist. Der Seemann erhält hierbei ein S e e f a h r t s b u c h, sofern er ein solches nicht schon bei einer früheren Reise erhalten hat. Der Schiffer erhält eine M u s t e r r o l l e, in welche die gesamte Besatzung eingetragen wird.

Tritt ein angemusterter Seemann seinen Dienst nicht an, oder entweicht er nach Antritt des Diensies, so wird er strafrechtlich verfolgt (§ § 93 ff.).

d) Der Seemann hat folgende A n s p r ü c h e :

1. Auf die vereinbarte eventuell angemessene H e u e r. Dieselbe wird ausgezahlt nach vereinbarten Zeitabschnitten, nach Beendigung der Reise, nach Beendigung des Dienstverhältnisses, mindestens aber muss alle drei Monate die Hälfte der verdienten Heuer gezahlt werden (§ 45). Oft stellt der Reeder sogenannte »Anweisungen« aus, die im Zweifel die Rechtsnatur von kaufmännischen Verpflichtungsscheinen haben werden, also an Order gestellt werden können (§ 363 HGB). Die Heuerforderung kann nicht versichert werden (§ 780 HGB), sie ist im Konkurs des Reeders privilegiert (§ 61 KO) und pfändbar nur, soweit sie 1500 RM pro Jahr übersteigt. Der Reeder haftet für sie dinglich und unbeschränkt persönlich. Es wird ein Abrechnungsbuch an Bord geführt.

2. Auf U n t e r k u n f t und B e k ö s t i g u n g (Bundesratsverordnung vom 2. VII 1935 und § 51 SO).

3. Auf kostenfreie V e r p f l e g u n g und Heilb e h a n d l u n g im Fall der Erkrankung und Verletzung, eventuell auch freie Rückbeförderung und Entschädigung (§ § 59 ff.). Jedes deutsche Kauffahrteischiff ist verpflichtet, ihn heimzuschaffen gegen eine angemessene Entschädigung (Gesetz betr. Verpflichtung der Kauffahrteischiffe zur Mitnahme heimzuschaffender Seeleute vom 2. Juli 1902).

4. Auf U r l a u b während der dienstfreien Stunden in deutschen Häfen (§ 34 Abs. 3).

5. Auf B e l o h n u n g, wenn er bei Verteidigung des Schiffes zu Schaden gekommen ist (§ 61 Abs. 1), oder gar getötet wird (§ 64 Abs. 1).

6. Ist das Schiff nicht genügend seetüchtig oder ungenügend verproviantiert, so können ein Offizier oder drei Schiffsleute sich beim Seemannsamt beschweren. Letzteres hat dann eine Untersuchung vorzunehmen und für Abhilfe zu sorgen. Kommt der Kapitän den Anordnungen des Seemannsamtes nicht nach, so kann jeder Offizier oder Mann seine Entlassung mit einer Monatsheuer verlangen (§ 58). Leichtfertige und böswillige Beschwerden werden bestraft (§ 108). —

e) Der Schiffsmann ist v e r p f l i c h t e t,

1. zum rechtzeitigen Dienstantritt (§ § 32 f.),

2. zum Gehorsam gegenüber dem Kapitän resp. den Schiffsoffizieren (§ 34),

3. zur Arbeitsleistung im Hafen und auf der Rhede 10 Std. täglich, § 35). Bei Gefahren muss er jeglicher Art Dienst unweigerlich leisten (§ 41),

4. das Schiff nicht ohne Urlaub zu verlassen (§ 34),

5. bei der Verklarung mitzuwirken und seine Aussage zu beeidigen (§ 42).

Der Kapitän kann jeden Mann der Besatzung wegen Untauglichkeit degradieren und zwar unter Herabsetzung der Heuer (§ 43). —

f) Die Stellung als Schiffsmann endigt:

1. Mit seinem T o d e, nicht aber mit dem des Schiffers oder Reeders (§ § 64, 65),

2. mit Z e i t a b l a u f, wenn der Schiffsmann für bestimmte Zeit angeheuert war (§ 67),

3. mit B e e n d i g u n g d e r R e i s e, wenn er für eine bestimmte Reise angeheuert war. Endigt die Reise nicht im Heimatshafen, so kann er Rückbeförderung und Heuer während der Rückreise verlangen (§ 66),

4. mit dem U n t e r g a n g, Notverkauf oder sonstigem Verlust des Schiffes. In diesem Falle kann der Schiffsmann die verdiente Heuer, sowie Rückbeförderung und die halbe Heuer während der Rückreise fordern (§ 69),

5. mit der E n t l a s s u n g seitens des Schiffers. Dieser ist berechtigt, jeden Mann der Besatzung sofort ohne Kündigungsfrist zu entlassen, unbeschadet gewisser Ansprüche des Mannes. Hierbei sind folgende Fälle zu unterscheiden:

a) Bei Entlassung eines auf bestimmte oder unbestimmte Zeit angestellten Mannes bleiben dessen Vertragsansprüche voll bestehen.

b) Bei Entlassung eines für eine Reise angeheuerten Mannes, erhält dieser die verdiente Heuer, die Heuer für einen weiteren Monat, Rückbeförderung und volle Heuer für die Rückreisezeit (§ 72).

c) Erfolgt die Entlassung wegen Untauglichkeit schon vor Antritt der Reise, oder wegen groben

Dienstvergehens oder wegen einer strafbaren Handlung wie Diebstahl oder dergl. oder wegen durch strafbare Handlung selbst verschuldeter Erkrankung, so besteht nur ein Anspruch auf die verdiente Heuer (§ § 70 Nr. 1—4, 71 Abs. 1).

d. Bei Entlassung wegen anderer Personen gefährdender Geschlechtskrankheit besteht ein Anspruch auf die verdiente Heuer und Krankenbehandlung (§ § 71 Abs. 2, 59—61).

e. Bei Entlassung wegen objektiver Reisehindernisse (Krieg, Embargo etc.) hat der Mann Anspruch auf die verdiente Heuer, Rückbeförderung und halbe Heuer während der Rückreise (§ § 71 Abs. 3, 69 Abs. 2).

6. M i t K ü n d i g u n g seitens des Schiffmanns. Eine Frist ist nirgends bestimmt. Der Schiffmann kann aber seine sofortige Entlassung verlangen in folgenden 5 Fällen (§ 71):

a. Bei schwerer Pflichtverletzung des Schiffers gegen ihn z. B. Misshandlung.

b. Bei Wechsel der Flagge.

c. Bei Anheuerung für unbestimmte Zeit nach 1—1½ Jahren.

d. wenn der Bestimmungshafen durch Pest, Cholera oder Gelbfieber verseucht ist.

e. Wenn er sich für ein Examen vorbereiten will oder ihm eine Kapitänsstelle angeboten wird (Er muss in diesem Falle für einen Ersatzmann sorgen).

In den Fällen c-e erhält der Schiffsmann nur die verdiente Heuer, in den Fällen a und b ausserdem eine Monatsheuer, Rückbeförderung und Heuer für die Zeit der Rückreise (§ § 76, 72). —

Die Beendigung des Dienstverhältnisses wird durch einen behördlichen Akt, die Abmusterung, festgestellt (§ § 18 ff.). Bis zur Abmusterung muss die Besatzung an Bord bleiben.

g. Die Anheuerung der Seeleute wird vielfach vermittelt durch eine besondere Art Stellenvermittler, den s. g. H e u e r b a a s. Dieser ist Makler im Sinne des § 652 BGB und gewöhnlich Kleinkaufmann. Sein Gewerbe ist durch besonderes Gesetz vom 2. Juni 1902 geregelt. Er bedarf staatlicher Erlaubnis, die nicht erteilt werden soll, wenn er unzuverlässig

erscheint, oder wenn er gewerbsmässig die Vermie-
tung von Wohn- und Schlafstellen (Schlafbaas) oder
Schankwirtschaft etc. betreibt. Die Courtage erhält
er je zur Hälfte vom Reeder und Schiffsmann, vom
ersteren aber nur, wenn der letztere seinen Dienst
wirklich antritt.

§ 7. Die Ladungsbeteiligten.

Als Ladungsbeteiligte im weiteren
Sinne oder Ladungsinteressenten müssen alle Personen bezeichnet werden, die an der Ladung irgend
ein rechtliches Interesse haben, also auch der Versicherer, der Pfandgläubiger, der Ladungsgläubiger.
Im engeren, technischen Sinne aber nennt man Ladungsbeteiligte nur:

1. Den Befrachter, das ist derjenige, welcher mit dem Verfrachter (Reeder, Ausrüster, Unterverfrachter) den Frachtvertrag geschlossen hat.

2. Der Ablader, das ist derjenige, welcher
in eigenem Namen das Frachtgut dem Schiffer über-
gibt (z. B. der Spediteur) und hierdurch selbst Rechte und Pflichten erwirbt.

3. Der Empfänger, das ist derjenige, dem
der Schiffer das Gut ausliefern soll (Destinatär),
oder ausgeliefert hat (Empfänger im eigentlichen
Sinne). Wenn das Gesetz von »Empfänger« spricht,
so meint es manchmal den ersteren, manchmal den
letzteren, manchmal beide.

Die Ladungsbeteiligten stehen nun in Rechtsbeziehungen in erster Linie zum Verfrachter, und
zwar der Befrachter auf Grund des Vertrages, der
Ablader auf Grund des Gesetzes, der Empfänger
auf Grund der Annahme der Güter. Daneben aber
bestehen auch Rechtsbeziehungen auf Grund des Gesetzes zum Schiffer (siehe oben § 5 f.), zu anderen
Ladungsbeteiligten wie überhaupt zu allen »Reiseinteressenten« im Sinne des § 512 HGB. Zum Bei-
spiel haften Ablader und Befrachter beim Anbordbringen von Konterbande etc. den letzteren auf Schadensersatz (§ 563). Die Stellung der Ladungsbeteiligten ist im Einzelnen erst beim Frachtvertrage zu
besprechen. Hier soll nur eine Zusammenstellung
der Arten ihrer Haftung gegeben werden.

Ganz ähnlich wie beim Reeder kommen hier unbeschränkte und beschränkte persönliche sowie dingliche Haftungen in Betracht. Unterschiede ergeben sich naturgemäss aus der anderen Art der verhafteten Gegenstände und der wirtschaftlichen Zwecke, sodann aber auch dadurch, dass der Gesetzgeber die dingliche Haftung nicht entsprechend weit ausgedehnt hat, wie beim Reeder. So wird z. B. kein Pfandrecht anerkannt für Schulden aus Geschäften, die der Schiffer im Rahmen seiner gesetzlichen Vertretungsmacht für die Ladungsbeteiligten abgeschlossen hat. —

Das Fortune de mer, das «Ladungsvermögen», ist hier das Frachtgut. An seine Stelle treten ähnlich wie beim Schiffsgläubigerrecht folgende Surrogate:

1. Das Kaufgeld im Fall des Notverkaufs (§ § 535, 777, 761).

2. Die Havereigelder (§ § 777, 775).

3. Die Entschädigungsansprüche gegen Dritte wegen widerrechtlicher Handlungen hinsichtlich der Ladung (§ § 777, 775), solange dieselben noch nicht gezahlt sind oder sich noch in Händen des Schiffers befinden.

Im Fall der dinglichen Haftung besteht ebenso wie beim Schiffsgläubigerrecht Streit hinsichtlich der juristischen Konstruktion. Die Frage ist, ob es sich um ein dingliches Recht (Pfandrecht) oder ein obligatorisches oder um eine Verbindung beider handelt. Letztere Ansicht ist wohl die richtige, zumal begrifflich das Pfandrecht als accessorisches Recht ohne eine Forderung nicht gut denkbar ist. Das Besondere ist hier nur, dass der Untergang des dinglichen Rechts in mehreren Fällen den Verlust des obligatorischen Rechts ohne weiteres nach sich zieht, auch wenn ein eigentlicher Schuldtilgungsgrund nicht vorliegt. Die Haftungsarten, bei denen dies der Fall ist, sind im Folgenden als nur-dingliche Haftung bezeichnet. Unter Berücksichtigung obiger Ausführungen ergibt sich folgende Uebersicht:

I. Die Ladungsbeteiligten haften nur dinglich mit dem Ladungsvermögen:

1. Für Berge- und Hilfslohn (§ § 751, 753).

2. Für Haverie-Grosse-Beiträge (§ § 725, 726).

3. Für Bodmereischulden (§ § 679 ff.).

4. Für Distanzfrachten, nämlich wenn das Schiff verloren gegangen oder die Weiterreise durch Krieg etc. unmöglich geworden ist (§ § 630—632).

II. Sie haften beschränkt-persönlich mit dem Ladungsvermögen (cum viribus, s. g. einfaches Ladungsgläubigerrecht):

1. Für Schulden aus Geschäften, welche der Schiffer kraft seiner gesetzlichen Vertretungsmacht für die Ladungsbeteiligten abgeschlossen hat (§ 535).

2. Für die Unkosten des Staates, falls ein gesunkenes Schiff nebst Ladung als verkehrshindernd beseitigt ist (§ 25 Str. O.).

III. Es haften beschränkt-persönlich bis zur Höhe des Werts des Ladungsvermögens (pro viribus):

1. Der Empfänger, welcher das Frachtgut in Kenntnis der darauf ruhenden Bodmerei-, Berge-, Hilfslohn- und Havarielasten annimmt (§ § 697, 726, 753).

2. Die Ladungsbeteiligten, wenn sie Notverkaufsgelder, Havareigelder oder Entschädigungsgelder von Dritten in Empfang genommen haben (§ § 777, 775, 773).

IV. Die Ladungsbeteiligten haften nur unbeschränkt-persönlich:

1. Der Befrachter für Ansprüche des Reeders vor Uebergabe des Gutes an den Schiffer.

2. Für Forderungen aus Geschäften, welche der Schiffer auf Grund besonderer Vollmacht auf persönlichen Kredit der Ladungsbeteiligten abgeschlossen hat (§ 537).

3. Aus Versicherungsverträgen.

4. Wegen eigenen schuldhaften Handelns.

V. Sie haften unbeschränkt-persönlich und zugleich dinglich:

1. Für Ansprüche des Reeders aus dem Frachtvertrage nach Uebergabe des Frachtgutes an den Schiffer (§ 623).

2. Wenn sie in den Fällen der dinglichen Haftung eine Garantie übernommen haben.

3. Wenn in den Fällen der dinglichen Haftung eigenes Verschulden hinzutritt.

§ 8. Der Schiffsmakler

Die Stellung des Schiffsmaklers ist durch Gesetz nicht geregelt, wohl aber durch Gewohnheitsrecht und namentlich durch örtliche Gebräuche ausgestaltet. Er ist Kaufmann (§ § 1, 2 HGB.).

Der Schiffsmakler ist zunächst Handelsmakler im Sinne der § § 93 ff. HGB. Er vermittelt gewerbsmässig, ohne ständig damit betraut zu sein, Verträge des Seeverkehrs, wie namentlich Frachten, Schiffsmieten, Seeversicherungen. Darüber hinaus hat er die Stellung eines Beauftragten und Bevollmächtigten des Reeders resp. des Schiffers erhalten, und zwar sowohl im Heimathafen als hauptsächlich ausserhalb desselben.

Zwischen dem Reeder und dem Schiffsmakler besteht gewöhnlich ein Dienst- oder Werkvertrag, welcher eine Geschäftsbesorgung zum Gegenstande hat (§ 675 BGB.). An Stelle des Reeders ist der Schiffer berechtigt, einen Schiffsmakler zu beauftragen, ausserhalb des Heimathafens auf Grund seiner gesetzlichen Vertretungsmacht (§ 527), im Heimathafen nur auf Grund besonderer Vollmacht (§ 526).

Die Aufgaben des Schiffsmaklers richten sich nach dem Inhalt des Auftrags, im Zweifel hat er aber alle Angelegenheiten zu erledigen, welche in dem betreffenden Hafen zu ordnen sind, und die sonst der Schiffer oder auch der Reeder selbst zu regeln hätte.

Der Schiffsmakler hat keine auf Gesetz beruhende Vertretungsmacht, aber die ihm erteilte Vollmacht hat einen durch Gewohnheitsrecht umgrenzten Rahmen. Beschränkungen derselben können Dritten nur entgegengehalten werden, wenn sie ihnen bekannt waren (analog gemäss § 531 HGB.). Der Umfang der Vollmacht entspricht der gesetzlichen Vertretungsmacht des Schiffers, endigt aber nicht etwa mit dessen Tod oder Entlassung. Der Schiffsmakler darf sich nicht in Widerspruch setzen zu den Rechtshandlungen des Schiffers, sofern er nicht weitergehende besondere Vollmacht hat. Bei sich widersprechenden Erklärungen gehen die des Schiffers im Zweifel vor.

Soweit der Schiffsmakler im Rahmen seiner üblichen Vollmacht handelt, wird der Reeder nur mit dem Schiffsvermögen verpflichtet, soweit er auf

Grund besonderer Vollmacht handelt, nur persönlich. Ueberschreitet der Schiffsmakler seine Vollmacht, so haftet er selbst nach § 179 BGB., während er sonst von Dritten nur bei Garantieversprechen oder nach den Grundsätzen der unerlaubten Handlungen in Anspruch genommen werden kann.

Der Schiffer haftet für die Handlungen des Schiffsmaklers bei Garantie, und wenn er durch Bevollmächtigung des Maklers seine eigenen Vollmachten überschritten hat, aber auch wenigstens für culpa in eligendo und instruendo, wenn er die ihm obliegenden Verpflichtungen gegenüber dem Reeder und den Reiseinteressenten (§ § 511, 512) durch einen Schiffsmakler erfüllen lässt. —

Im Einzelnen gilt der Schiffsmakler als ermächtigt, Frachtverträge abzuschliessen und alle mit der Erledigung der Frachtverträge zusammenhängenden Geschäfte vorzunehmen, insbesondere die Frachten einzuziehen. Nach Schaps und Brandis ist er dagegen zur Zeichnung von Konnossementen nur kraft besonderer Vollmacht berechtigt. Soweit mir bekannt, erfolgt aber in den letzten Jahren die Zeichnung der Konnossemente in Hamburg vielfach durch den Schiffsmakler auch ohne besondere Vollmacht. Vollmacht.

Im Rahmen seiner Vertretungsmacht ist der Schiffsmakler auch berechtigt, Forderungen für den Reeder in dessen Namen e i n z u k l a g e n. Dagegen kann er nur im Fall besonderer Vollmacht oder im Fall der Kautionsübernahme verklagt werden.

§ 9 Der Lotse.

Wer Lotse werden will, muss sich einer Prüfung unterziehen und bedarf einer staatlichen Konzession. Das Lotsenwesen ist staatlich geregelt. An grösseren Hafenplätzen unterstehen die Lotsen einem Lotsenkommandeur. Streitig ist, ob sie Beamte sind. Sie erhalten kein Gehalt. Man unterscheidet See-, Fluss- und Hafenlotsen.

Vielfach ist die Annahme eines Lotsen vorgeschrieben, namentlich in Häfen und Kanälen (z. B. Kaiser Wilhelm-Kanal). Dann spricht man vom Z w a n g s l o t s e n. Die Stellung eines solchen ist sehr verschieden von der eines freiwillig angenommenen Lotsen.

Kommt ein Lotse an Bord, so erhält er die nautische Leitung des Schiffs. Der Kapitän bleibt aber Vorgesetzter der Mannschaft, sowie Vertreter des Reeders und der Ladungsbeteiligten. Aber auch hinsichtlich der Schiffsführung hört seine Verantwortung nicht völlig auf. Unsinnigen Anordnungen des Lotsen soll er entgegentreten. Unter Umständen ist er sogar berechtigt und verpflichtet, das Kommando wieder an sich zu reissen, z. B. wenn der Lotse betrunken ist.

Der freiwillig angenommene Lotse steht im Vertragsverhältnis zum Reeder. Ob er zur Schiffsbesatzung gehört, ist streitig. (Dafür: Schaps und RG. 59 S. 311, dagegen Brandis). Die Frage ist wichtig. Denn rechnet man ihn zur Schiffsbesatzung, so haftet der Reeder für sein Verschulden gemäss § § 485, 486 Dritten gegenüber mit dem Schiffsvermögen, andernfalls persönlich gemäss § § 278-831 BGB.

Der Zwangslotse steht dagegen zum Reeder in keinem Vertragsverhältnis. Man nimmt aber ein vertragsähnliches Verhältnis an (Quasikontrakt, m. E. bezeichnet man die Beziehungen zwischen beiden am besten als Legal'sches Verhältnis, jedenfalls entstehen wechselseitige Rechte und Pflichten. Für Verschulden des Lotsen haftet der Reeder solchen Personen, mit denen er nicht im Vertragsverhältnis steht, nicht, sofern nicht etwa gleichzeitig ein Verschulden des Schiffers oder einer anderen Person der Besatzung vorliegt. Ausdrücklich ausgesprochen ist dies im Gesetz nur für den Fall des Zusammenstosses (§ 737). Streitig ist, ob diese Bestimmung auch gegenüber den Ladungsbeteiligten, den Passagieren und der Besatzung anzuwenden ist. Die Frage wird aber zu bejahen sein. Denn das Verschulden des Zwangslotsen ist vom Standpunkt des Reeders aus als höhere Gewalt zu betrachten.

Für Verschulden des Zwangslotsen haftet das Reich resp. der Einzelstaat gegenüber Dritten. Denn er ist Beamter (vergl. Reichsgesetz vom 22 Mai 1910 betr. Beamtenhaftung und Hambg. Gesetz vom 26 Januar 1920). Für das Reich kommt wohl nur der Lotse des Kaiser Wilhelm-Kanals in Betracht.

Der Hamburger Hafenlotse ist kein Zwangslotse (§ 3 der Hafenordnung).

Der Lotse selbst haftet seinem Reeder aus dem Vertrags- resp. Quasikontraktsverhältnis. Dritten gegenüber haftet er nicht, da eine Deliktshaftung des Beamten neben der Haftung des Reichs oder der Länder nicht gegeben ist. Selbstverständlich haben Reich und Länder Regressrechte gegen den Lotsen.

(Vergl. über die Haftung des Staates für den Lotsen Hans. R.-Ztschr. 1925 S. 618 und Urteil des Hanseatischen Oberlandesgerichts vom 27. Mai 1925 Bf. J 37 25).

B. Sachenrecht

§ 10. Das Schiff

a) Das Seerecht bezieht sich nur auf S e e - E r -
w e r b s s c h i f f e, d. h. solche Schiffe, welche zum
Erwerb durch Seefahrt bestimmt sind (§ 474). Die
tatsächliche Verwendung ist nicht massgeblich. Das
Gesetz kennt aber noch zwei positive Erweiterungen:

1. Die Vorschriften über Eigentumserwerb (§
474 ff.), Reederhaftung (§ § 485 ff.) und Kollision
(§ § 734 ff.) finden Anwendung auf alle das Meer
befahrenden Schiffe, sogar Kriegsschiffe (Art. 6 und
7 E. G. HGB.).

2. Sind Lustjachten, Schulschiffe und furs Ausland in Deutschland erbaute Schiffe in ein deutsches
Schiffsregister eingetragen, so unterliegen sie dem
gesamten Seerecht (§ 26 Satz 2 des Flaggengesetzes).

b) Alle See-Erwerbsschiffe, sowie Lustjachten,
Schulschiffe und für das Ausland in Deutschland er-
bauten Schiffe haben d a s R e c h t, d i e R e i c h s -
f l a g g e z u f ü h r e n. (§ § 1 und 26 des Flaggengesetzes vom 22. 6. 1899), sofern sie ausschliess-
lich in deutschem Eigentum stehen. Bei einer offenen Handelsgesellschaft, einer Kommanditgesell-
schaft oder einer Mitreederei müssen sämtliche Ge-
sellschafter Reichsangehörige sein, bei einer Kom-
manditgesellschaft auf Aktien müssen die Comple-
mentäre Reichsdeutsche sein, bei juristischen Personen genügt es, dass der Sitz im Inland ist (§ 2).

Wird eine Schiffspart an einen Ausländer veräussert, so verliert das Schiff das Recht, die deutsche Flagge zu führen. Deshalb ist zu dieser Veräusserung die Zustimmung aller Mitreeder erforderlich (§ 503).

Verliert ein Mitreeder die Reichsangehörigkeit
oder geht eine Schiffspart im Erbgange auf einen
Ausländer über, so behält das Schiff noch ein Jahr

das Flaggenrecht, sofern wenigstens zwei Drittel der Schiffsparten in deutschen Händen bleiben. Die deutschen Mitreeder haben ausserdem das Recht, mit Ermächtigung der Registerbehörde die ausländische Schiffspart innerhalb der zweiten Jahreshälfte an Deutsche versteigern zu lassen (§ 3). Geht ein im Ausland befindliches ausländisches Schiff in deutsches Eigentum über, so kann der zuständige Konsul das deutsche Flaggenrecht durch ein F l a g - g e n z e u g n i s erteilen (§ 12), welches aber nur ein Jahr Gültigkeit hat. —

Nicht notwendig für das Flaggenrecht ist, dass das Schiff in Deutschland erbaut ist und eine deutsche Besatzung hat.

Schiffe von mehr als 50 cbm. Bruttogehalt haben das Flaggenrecht nur, wenn sie ins Schiffsregister eingetragen sind und hierüber ein S c h i f f s - c e r t i f i k a t erhalten haben. Kleinere Schiffe haben das Recht ohnedem (§ § 11-16).

c) D a s S c h i f f s r e g i s t e r wird vom Amtsgericht geführt, in Hamburg von der Deputation für Handel, Schiffahrt und Gewerbe (§ 4 Fl.-G. und § 2 des Hambg. Gesetzes vom 22. 12. 1865). Es ist öffentlich, jedermann hat das Recht, es einzusehen (§ 5 des Flaggengesetzes).

Es besteht kein Eintragungszwang, aber Flaggenrecht und Registerpfandrecht sind durch die Eintragung bedingt. Eintragungsfähig sind alle Schiffe über 50 cbm. Bruttogehalt. Ist ein Schiff einmal eingetragen, so müssen etwaige wesentliche Veränderungen eingetragen werden (§ § 13-14).

Die Eintragung hat zu enthalten (§ 7:

1. Namen, Gattung und Unterscheidungsmerkmal des Schiffes (der Name braucht sich nicht von dem anderer Schiffe zu unterscheiden).

2. Vermessungsergebnisse.

3. Zeit und Ort der Erbauung.

4. Heimatshafen.

5. Namen des Reeders resp. der Mitreeder und des Korrespondentreeders.

6. Reichsangehörigkeit des Reeders.

7. Erwerbsgrund.

8. Eintragungsdatum.

9. Ordnungsnummer der Eintragung.

Ein Schiff ist dort einzutragen, wo die Schifffahrt mit dem Schiff betrieben werden soll (Heimathafen). Soll die Schiffahrt von einem ausländischen Hafen aus betrieben werden, so kann der Reeder das inländische Register wählen (§ 6).

Die einzutragenden Tatsachen sind glaubhaft nachzuweisen (§ 8). Ueber die erfolgte Eintragung erhält der Reeder das Schiffscertifikat (§ 10).

Das Schiff wird im Register gelöscht (§ 13):
1. Wenn es untergeht.
2. Wenn es das Recht zur Führung der Reichsflagge verliert.
3. Wenn es als reparaturunfähig kondemniert ist.
4. Wenn es in ein anderes Register eingetragen wird. —

Jedes Schiff hat an jeder Seite des Bugs seinen Namen und am Heck den Namen des Heimathafens zu führen (§ 17). —

Verletzungen der Vorschriften über die Flaggenführung und Anmeldungspflicht werden bestraft (§ 18-21). —

d) Alle Schiffe über 50 cbm. Bruttogehalt werden v e r m e s s e n zwecks Ermittelung der L a d e f ä h i g k e i t. Dies ist geregelt in der Schiffsvermessungsordnung vom 1. März 1895. Bei kleineren Schiffen kann nach Bestimmung der Länder von einer Vermessung abgesehen werden. Die Vermessung erfolgt durch besondere Vermessungsbehörden, welche dem Schiffsvermessungsamt Berlin unterstehen. Ueber die Vermessung ist ein M e s s b r i e f auszustellen.

Internationale Verträge regeln die gegenseitige Anerkennung der Messbriefe (1 cbm. = 0,353 B. T. oder 1 Tonne = 2,8316 cbm.).

e) Das Schiff muss s e e t ü c h t i g sein. Man unterscheidet:

Unbeschränkte und beschränkte Seetüchtigkeit, je nachdem das Schiff für jede Art Reise oder nur für begrenzte Reisen (z. B. Küstenfahrt) geeignet ist, absolute und relative Seetüchtigkeit, je nachdem es allgemein oder nur für bestimmte Zwecke (z. B. Holztransport) geeignet ist.

Der Schiffer haftet für Seetüchtigkeit vor Antritt der Reise allen Reiseinteressenten (§§ 513, 512), der Reeder neben ihm nach §§ 485-486 mit Schiff und Fracht, ausserdem aber auch persönlich dem Befrachter (§ 559).

Nicht zur Seetüchtigkeit gehören: Ausrüstung, Stauung und Garnierung. Durch besondere Institute (z. B. den Germanischen Lloyd in Berlin) werden die Schiffe periodisch auf Seetüchtigkeit geprüft. Hierüber werden dann s. g. K l a s s i f i k a t i o n s a t t e s t e ausgestellt. Diese Untersuchungen befreien den Schiffer und Reeder aber nicht von ihrer Verantwortung.

f) Ein Schiff ist r e p a r a t u r u n f ä h i g, wenn die Kosten mehr als Dreiviertel seines früheren Wertes betragen, ferner wenn die Reparatur wenigstens am Aufenthaltsorte unmöglich ist und es letzteren Falls auch nicht nach einem Hafen gebracht werden kann, in dem sich die Reparatur ausführen liesse (§ 479).

Ein Schiff ist r e p a r a t u r u n w ü r d i g, wenn die Kosten mehr als Dreiviertel seines früheren Wertes (d. h. bei Antritt der Reise) ausmachen würden (§ 479). Ein Schiff gilt als reparaturunfähig oder -unwürdig kondemniert, wenn eins von beiden durch Sachverständige unter Hinzuziehung der Ortsbehörden und des deutschen Konsuls festgestellt ist (§ 506). —

g) Das Schiff ist eine b e w e g l i c h e S a c h e und unterliegt den Vorschriften einer solchen. Nur hinsichtlich des Registerpfandes und der Zwangsvollstreckung wird es mehr wie ein Grundstück betrachtet.

W e s e n t l i c h e B e s t a n d t e i l e sind: Planken, Maschine, Mast, Steuerruder (§ 93 BGB.). Was Z u b e h ö r ist, richtet sich im Allgemeinen nach §§ 97-98 BGB. In Betracht kommen: Anker, Ankerketten, Taue, Schiffspapiere, Glocke, Segel.

Das Handelsgesetzbuch gibt in § 478 nur zwei Bestimmungen:

1. Die Schiffsboote sind Zubehör.

2. Im Zweifel sind alle Gegenstände Zubehör, die ins Schiffsinventar eingetragen sind.

Das Zubehör teilt im Zweifel die Schicksale des Schiffs, insbesondere unterliegt es dem Register-pfandrecht und dem Schiffsgläubigerrecht. Es gehört mit zum Schiffsvermögen.

§ 11. Eigentum am Schiff

(§ § 474—477).

Da das Schiff eine bewegliche Sache ist, so finden die Bestimmungen der § § 929 ff. BGB. Anwendung.

Der Besitzer des Schiffs hat die Vermutung des Eigentums für sich (§ 1006 BGB.). Die Register-eintragung hat hinsichtlich des Eigentums keine recht-liche Bedeutung, insbesondere gibt es keine Vermu-tung wie im § 891 BGB. beim Grundbuch. Da aber die Registerbehörde vor der Eintragung die Anmeldung auf ihre Richtigkeit hin prüft, auch Veränderungen in der Rechtslage anmeldungspflichtig sind, so be-steht für den eingetragenen Eigentümer eine starke tatsächliche Vermutung, die sogar der Vermutung des § 1006 BGB. in Zweifelsfällen vorzuziehen sein wird.

Der derivative Eigentumserwerb erfolgt, wie stets im Sachenrecht, durch zwei Akte: Einigung und Uebergabe. Letztere wird ersetzt durch brevi manu traditio, constitutum possessorium und Abtretung des Herausgabeanspruchs. Ausser-dem aber gibt es noch einen dem Seerecht eigentüm-lichen Uebergabeersatz, das ist die Abmachung, dass das Eigentum sofort auf den Erwerber überge-hen soll (§ 474). Das Wörtchen »sofort« bedeutet hier nur soviel wie »ohne Uebergabe«, nicht etwa »ohne Aufschub« oder »unbedingt«. Diese Verein-barung tritt neben die Einigung. Beide Abmachun-gen sind formlos. Jedoch kann jeder Vertragsteil ei-ne beglaubigte Urkunde über die Veräusserung (d. h. den dinglichen Akt) verlangen (§ 475). Eine Ein-tragung ins Register ist für den Erwerb nicht erfor-derlich.

Der obligatorische Kaufvertrag ist ebenfalls formlos.

Ein gutgläubiger Erwerb vom Nichtberechtig-ten ist möglich, aber nur bei tatsächlicher Uebergabe, brevi manu traditio und Abtretung des Herausgabeanspruchs, falls der Veräusserer mittelbarer Besitzer war, nicht dagegen bei constitutum possessorium und bei der Abmachung sofortigen Eigentumsüberganges des § 474.

Im Falle der freiwilligen Veräusserung bleiben die Registerpfandrechte und die Schiffsgläubigerrechte bestehen, auch wenn der Erwerber hinsichtlich ihrer gutgläubig ist (§ § 1262 BGB., 755 Abs. 2 HGB.). § 936 BGB. kommt also nicht zur Anwendung. Allerdings ist der Verkäufer im Zweifel verpflichtet, die wirklich bestehenden und die fälschlich eingetragenen Belastungen zur Löschung zu bringen (§ § 434, 435 BGB.).

Im Falle des Notverkaufs (§ 530) und der Zwangsversteigerung wird dagegen das Schiff von den Belastungen frei und der Erlös an seiner Stelle verhaftet. Ebenso gehen die Pfandrechte unter, falls der Staat nach § 25 der Strandungsordnung vorgeht.

Selbstverständlich befreit die Veräusserung des Schiffs den bisherigen Eigentümer nicht von seinen persönlichen Pflichten gegenüber Dritten (§ 477). Wird das Schiff während einer Reise veräussert, so treffen im Verhältnis zwischen Veräusserer und Erwerber den letzteren Gewinn und Verlust der Reise (§ 476), sofern nicht anderes vereinbart ist. —

Was für die Veräusserung des Schiffs gilt, ist auch auf die Veräusserung der Schiffspart anzuwenden (§ § 474—477). —

Den Besitz am Schiff hat normaler Weise der Reeder. Der Schiffer ist nur Besitzdiener. Manche fassen ihn allerdings auch als mittelbaren Besitzer auf.

§ 12. Vertragspfand am Schiff
(§ § 1259—1272 BGB.).

a) Ueberblick über sämtliche Pfandrechtsmöglichkeiten:

I. Vertragliche Pfandrechte:

1. Ein Faustpfand am Schiff ist nur zulässig bei nicht registrierten Schiffen. Es gelten dann in jeder Hinsicht die Vorschriften über Pfandrechte an beweglichen Sachen (§ § 1204 ff. BGB.).

2. Die Schiffspart eines nicht registrierten Schiffes kann verpfändet werden durch Einigung und

Vereinbarung sofortigen Pfandeintritts gemäss §§ 1271 II. BGB., 171 HGB.

3. An eingetragenen Schiffen kann nur ein Registerpfandrecht bestellt werden. Die Befriedigung erfolgt nach den Vorschriften der Zwangsversteigerung ähnlich wie bei Grundstücken (§§ 1259 bis 1271 BGB, 861 ff. ZPO, 162—170 ZwVG.).

4. Für die Schiffsparten eingetragener Schiffe gibt es ebenfalls nur das Registerpfandrecht. Jedoch erfolgt die Befriedigung wie bei anderen Mitgliedschaftsrechten (§§ 1272 BGB, 857, 858 ZPO.), und zwar nur auf Grund eines Titels (§ 1277).

5. Das Bodmereipfandrecht wird nach der Entstehung als Schiffsgläubigerrecht behandelt (§§ 679, 759 HGB.).

II. Gesetzliche Pfandrechte gibt es nicht an Schiffsparten. Am Schiff selbst kommen in Betracht:

1. Das gesetzliche Pfandrecht des Werkunternehmers nach § 647 BGB, welches bei nicht registrierten Schiffen wie ein Faustpfand (§ 1257 BGB.), bei registrierten Schiffen wie ein Registerpfand behandelt wird (§§ 1257 und 1256 BGB.).

2. Die Schiffsgläubigerrechte.

III. Die richterlichen Pfandrechte:

1. Die nicht registrierten Schiffe werden wie bewegliche Sachen gepfändet und versteigert.

2. Die registrierten Schiffe werden in der Zwangsvollstreckung wie unbewegliches Vermögen behandelt (§§ 861 ff. ZPO.).

3. Der Arrest in nicht registrierte Schiffe wird vollzogen wie in bewegliche Sachen (§ 930 ZPO.).

4. Der Arrest in registrierte Schiffe wird ebenfalls vollzogen wie in bewegliche Sachen. Ist jedoch das Arrestpfand auf Antrag des Gläubigers in das Register eingetragen, so wird es weiterhin wie ein Registerpfand behandelt (§ 931 ZPO.).

5. Zahlt in der Zwangsversteigerung der Ersteher den Preis nicht vollständig, so wird von Amtswegen ein Registerpfand für die Restforderung eingetragen (§ 169 Abs. 2 ZwVG.).

6. Die Zwangsvollstreckung in Schiffsparten erfolgt nach den Vorschriften über die Zwangsvollstreckung in Mitgliedschaftsrechte (§§ 857, 858

ZPO.). Dasselbe gilt von der Arrestvollziehung in Parten (§ 930 ZPO.).

b) Das Registerpfandrecht ist eingeführt, weil ein Faustpfandrecht an Schiffen so gut wie undurchführbar ist. Es ist eine Abart des Faustpfandrechts an beweglichen Sachen. Deshalb kommen auch die Vorschriften der §§ 1205 ff. BGB. zur Anwendung. Unbrauchbar sind nur alle die Bestimmungen, welche mit dem Besitz zusammenhängen (§ 1266 BGB.). In gewisser Weise ist das Registerpfand der Hypothek angeähnelt. Aber das Schiffsregister ermangelt des öffentlichen Glaubens. Deshalb fehlen ganz wesentliche Bestimmungen des Hypothekenrechts. Der Wert und Unwert der Eintragung zeigt sich in Folgendem:

1. Wer sich von einem eingetragenen Nichteigentümer ein Pfandrecht bestellen lässt, erwirbt kein solches.

2. Ist jemand zu Unrecht als Pfandgläubiger eingetragen, so kann ein Dritter von ihm das Pfandrecht nicht gutgläubig erwerben.

3. Das ordnungsgemäss eingetragene Pfandrecht behält gegenüber einem gutgläubigen Erwerber des Schiffs oder späteren Pfandgläubiger seine Kraft (§ 1262 Abs. 1).

4. Das zu Unrecht gelöschte Pfandrecht erlischt, falls jemand das Schiff gutgläubig erwirbt, und zwar sogar dann, wenn der Erwerb im Wege des constitutum possessorium oder der Vereinbarung sofortigen Eigentumsübergangs (§ 774) erfolgt (§ 1262 Abs. 2), und es tritt im Range zurück, wenn ein späteres Pfandrecht gutgläubig erworben wird (§§ 1262 Abs. 2 und 1208). —

Das Registerpfand ist nur möglich an tatsächlich eingetragenen Schiffen, also nicht, wenn ein Schiff über 50 cbm. nicht eingetragen ist, wohl aber, wenn unzulässigerweise ein Schiff unter 50 cbm. eingetragen ist.

Ein Registerpfandrecht war bislang nach Reichsrecht nicht zulässig an im Bau befindlichen Schiffen. Art. 20 EG. HGB. gab den Einzelstaaten allerdings die Ermächtigung, derartiges zu bestimmen. Hiervon hat Hamburg durch Gesetz vom 22. 10. 1921 Gebrauch gemacht. Im Reich ist das Pfandrecht an

Binnenschiffen neuerdings eingeführt durch RG. vom 9. 7. 1926.

c) Die Entstehung des Registerpfandes setzt voraus (§ 1260):

1. Das Eigentum des Verpfänders.

2. Eine Einigung. Dieselbe kann an sich formlos sein. Aber die Parteien sind nur gebunden, wenn sie entweder notariell beurkundet oder vor der Registerbehörde abgegeben ist, oder wenn der Verpfänder eine beglaubigte Eintragungsbewilligung dem Gläubiger ausgehändigt hat (§ 873 BGB.). Ferner erfolgt formell-rechtlich die Eintragung nur, wenn eine dieser drei Formen gewahrt ist (§§ 100 ff. RGG.).

3. Die Eintragung (vergl. §§ 119 ff. RGG. und § 1 FLG.).

4. Das Bestehen einer Forderung. Das Registerpfand ist im selben Sinne accessorisch wie die Verkehrshypothek. Es ist auch hier ein Maximalpfand zulässig (§ 1271). Die Forderung nebst Zinssatz wird miteingetragen. Einzutragen ist auch der Name des Gläubigers. Dies kann keine Reederei sein.

d) Die Haftung des Schiffs beschränkt sich auf den Betrag der Forderung, die eingetragenen und gesetzlichen Zinsen, die Kosten der Kündigung und Rechtsverfolgung (§ 1264). Es ist also wie bei der Hypothek (§ 1118), nicht wie beim Faustpfand (§ 1210), wo auch für die sonstigen Erweiterungen der Forderung gehaftet wird.

Ausser dem Schiff haftet nur das Zubehör, welches sich im Eigentum des Schiffseigentümers befindet, nicht aber sonstiges Zubehör oder Frachtgelder oder die Caskoversicherungssumme (dem Schiffsgläubiger sind dagegen Fracht und sämtliches Zubehör mitverhaftet) (§ 1265). Das Rangverhältnis der Pfandrechte richtet sich wie bei der Hypothek nach der Reihenfolge der Eintragungen (§ 1209), aber abweichende Vereinbarungen sind zulässig (§ 880 BGB.), auch gelten die Regeln über Rangvorbehalt (§ 879). Die Schiffsgläubigerrechte gehen den Registerpfandrechten ohne Rücksicht auf die Zeit der Entstehung vor (§ 776 HGB.).

Ein Registerpfandrecht kann am eigenen Schiff nicht bestellt werden. Ob bei nachträglicher Vereinigung von Eigentum und Pfand letzteres untergeht, wird in der Litteratur als Streitfrage behandelt. Ich meine, dass hier wie bei allen dinglichen Rechten der Satz gilt: Konfusion findet nicht statt, wenn ein rechtliches Interesse an der Erhaltung des Rechts besteht. Erwirbt z. B. der Eigentümer das erste von mehreren Pfandrechten, so bleibt dieses als Eigentümerpfandrecht bestehen, weil sonst die späteren aufrücken würden. Erwirbt er aber das einzige Pfandrecht, so erlischt dieses (§ 1256).

Zulässig ist auch ein Registerpfand für eine Forderung aus Inhaberschuldverschreibungen und Orderpapieren (§§ 1270, 1188, 1189).

c) Das Registerpfandrecht endigt: Durch Untergang des Schiffs, Erlöschen der Forderung, durch Vertrag, Konfusion, Notverkauf und Zwangsversteigerung (§ 1268).

Die Befriedigung aus dem Pfandrecht kann nur auf Grund eines vollstreckbaren Titels nach den Vorschriften der Zwangsvollstreckung erfolgen, und zwar nur im Wege der Versteigerung (§§ 864, 865, 870 Abs. 2 ZPO, 162—170 ZwVG und 1265, 1233 Abs. 2 BGB.).

Steht das Register in Widerspruch zur wahren Rechtslage, so kann Berichtigung verlangt werden (§ 1263). Auch sind Widerspruch und Vormerkung wie bei der Hypothek zulässig.

Ist der Pfandgläubiger befriedigt, so muss er die zur Löschung des Pfandrechts erforderlichen Urkunden herausgeben (§ 1267).

Unbekannte Gläubiger können im Wege des Aufgebotverfahrens ausgeschlossen werden (§ 1269).

§ 13. Das Schiffsgläubigerrecht
(§§ 754—776).

a) Ueber die Natur und gewisse Eigenarten des Schiffsgläubigerrechts habe ich bereits bei der beschränkten Reederhaftung gesprochen (§ 3), da letztere ohne dem schwer verständlich zu machen war. Um nun das Schiffsgläubigerrecht zusammenhängend darzustellen, werden sich Wiederholungen nicht vermeiden lassen.

Das Schiffsgläubigerrecht ist möglich an registrierten und nicht registrierten Schiffen, nicht aber an Schiffsparten. Wie beim Registerpfand hat der Gläubiger seinen Besitz. Ob er solchen wenigstens im Falle der Gefährdung verlangen kann, ist streitig. In § 751 sind die Fälle des Schiffsgläubigerrechts erschöpfend aufgezählt, ohne Rücksicht darauf, ob daneben eine persönliche Haftung des Reeders besteht (§ 752). Mehrere Reeder (Reederei) haften für die Schiffsgläubigerrechte als Gesamtschuldner, während sie für persönliche Schulden nur reierlich haften. Streitig ist es, ob sie im Falle des § 771 reierlich oder gesamtschuldnerisch haften. Letzteres dürfte richtig sein (§ 763).

b. Die Fälle des § 751 sind:

1. Die Kosten der Bewachung und Verwahrung im Falle des Zwangsverkaufs. Die Vollstreckungskosten selbst fallen nicht hierunter, weil sie nach § 109 ZwVG schon vorweg vom Erlös abzusetzen sind.

2. Die öffentlichen Schiffs-, Schiffahrts- und Hafenabgaben, insbesondere Tonnen-, Leuchtfeuer-, Quarantäne- und Hafengelder.

3. Die Forderungen der Schiffsbesatzung aus den Dienst- und Heuerverträgen.

4. Die Lotsengelder, Bergungs-, Hilfs-, Loskaufs- und Reklamekosten (letzteres sind die Unkosten des Prisengerichts).

5. Die Beiträge aus grosser Haverei.

6. Die Forderungen aus Bodmerei oder sonstigen Kreditgeschäften, die der Schiffer im Rahmen seiner gesetzlichen Vertretungsmacht abgeschlossen hat.

7. Die Forderungen wegen Nichtablieferung oder Beschädigung von Ladungsgütern und Passagiergut.

8. Die übrigen Forderungen aus Verträgen des Schiffers auf Grund seiner gesetzlichen Vollmacht und aus Verträgen des Reeders, deren Erfüllung zu den gesetzlichen Obliegenheiten des Schiffers gehört.

9. Die Forderungen aus Verschulden einer Person der Schiffsbesatzung.

10. Die Forderungen aus Unfall- und Invalidenversicherung.

Die Schiffsgläubigerrechte sind g e s e t z l i c h e Pfandrechte mit Ausnahme der Bodmerei-Forderungen. Diese sind aber ausdrücklich den Schiffsgläubigerrechten gleichgestellt (§ 759).

c) Im Gegensatz zum Registerpfand kann ein Schiffsgläubigerrecht a m e i g e n e n S c h i f f ausnahmsweise ursprünglich entstehen, nämlich wenn ein Schiff von einem Schwesterschiff aus Seenot gerettet wird (§ 743). Natürlich ist eine vertragliche Festsetzung der Höhe des Hilfs- oder Bergelohns nicht möglich, weil der Reeder auch durch zwei Schiffer nicht mit sich selbst kontrahieren kann. Streitig ist, ob auch bei Zusammenstössen ein Schiffsgläubigerrecht am eignen Schiff anzuerkennen ist. Von der herrschenden Ansicht wird dies nach dem Vorgange des Reichsgerichts (R.G. 58 Nr. 18) abgelehnt. Vereinigen sich nachträglich Eigentum und Schiffsgläubigerrecht in einer Hand (z. B. durch Erbgang oder Ankauf durch die Gläubiger), so bleibt letzteres bestehen, sofern ein Interesse daran vorliegt (§ 1256 BGB.). Entsprechendes gilt wenn der Reeder einen Schiffsgläubiger aus seinem Landvermögen befriedigt.

d) Das Schiffsgläubigerpfand haftet für Kapital, Zinsen, Bodmereiprämie sowie Prozess- und Arrestkosten (§ 760). Diese Vorschrift entspricht dem § 1210 BGB. Es haften das Schiff nebst Zubehör (§ 755), die Bruttofracht (§ 756) und das Passagegeld (§ 677). Ob auch Schlepplohn-, Berge- und Hilfslohnforderung mit haften, ist streitig. Ich möchte die Frage hinsichtlich des Schlepplohns bejahen, hinsichtlich des Berge- und Hilfslohns verneinen, weil sonst der Anreiz zum Helfen herabgedrückt werden könnte. Niemals haftet die Versicherungssumme. Eigenartig ist die S u r r o g a t i o n geregelt:

1. Wird ein Schiff freiwillig veräussert, so bleiben die Schiffsgläubigerrechte am Schiff bestehen (§ 761). Aber der Erwerber hat das Recht, die unbekannten Schiffsgläubiger im Wege des Aufgebotsverfahrens auszuschliessen. Der Veräusserer haftet ihnen von da an beschränkt-persönlich (§§ 765, 773).

2. In folgenden 4 Fällen erlischt das Schiffsgläubigerrecht am Schiff (§ 764):

a) Bei der Zwangsvollstreckung im Inlande.

b. Beim Notverkauf.

c. Im Fall des § 25 Str. O.

d. Im Fall der prisengerichtlichen Kondemnation.

Es tritt dann der Erlös an die Stelle (§ 76), d. h. solange der Kaufpreis noch nicht bezahlt ist, besteht ein Pfandrecht an der Forderung. Ist das Geld in Händen des Schiffers, so haben die Schiffsgläubiger ein Sachpfandrecht an dem Gelde. Hat aber der Reeder selbst das Geld erhalten, so wandelt sich die dingliche Haftung in eine beschränkt-persönliche um, gleichgültig, ob der Reeder bei Empfang der Gelder die Gläubigerrechte kannte oder nicht.

3. Bei Verlust, Aufopferung oder Beschädigung des Schiffs treten die Havereigelder und die Entschädigungsansprüche gegen Dritte neben die Schiffshaftung resp. an Stelle derselben (§ 775). Ueber die Art der Haftung ist dasselbe zu sagen wie zu 2.

4. Sendet der Reeder das Schiff in Kenntnis der Schiffsgläubigerrechte auf neue Reisen aus, ohne dass das Interesse der Gläubiger es gebietet, so tritt die beschränkt persönliche Haftung neben die dingliche Haftung (§ 77b). Die Beschränkung bezieht sich auf den Wert des Schiffs zu Beginn der neuen Reise. Vermutet wird, dass die Forderung voll gedeckt worden wäre. Es haftet immer der Reeder und nur der Reeder, der das Schiff zu neuen Reisen ausgesandt hat, auch wenn er zur Zeit der Entstehung des Rechts noch nicht Reeder war.

5. Wird das Schiff wegen einer Schiffsgläubigerforderung arrestiert und hinterlegt der Reeder die vom Gericht bestimmte Hinterlegungssumme, so wird letztere an Stelle des Schiffs verhaftet (§ § 922, 923 ZPO.).

c. Das Pfandrecht an der Fracht bezieht sich nur auf die Fracht derjenigen Reise, aus welcher das Schiffsgläubigerrecht herrührt (§ 756). Nur den Dienst- und Heuerforderungen sind die Frachten sämtlicher Reisen verhaftet, während deren der Dienst- oder Heuervertrag lief, gleichgültig auf welcher Reise die noch ausstehende Heuerforderung entstanden ist (§ 758). Auch kann die Bodmereireise mehrere Reisen im technischen Sinne umfassen (§ 767 Abs. 3).

Als selbständige Reise im Sinne der Pfandhaftung gilt nur eine solche Reise, zu der das Schiff entweder neu ausgerüstet ist, oder die auf Grund eines neuen Frachtvertrages oder nach vollständiger Löschung der Ladung angetreten ist (§ 757). Hiernach ist die Reise der § § 756, 757 nicht identisch mit der »Heuerreise«, »Frachtreise«, »Bodmereireise«, »Versicherungsreise«.

Ueber die Art der Frachthaftung ist Folgendes zu sagen:

1. Steht die Fracht noch aus, so besteht ein Forderungspfandrecht (§ 771 Abs. 1).

2. Ist die Fracht in Händen des Schiffers, so besteht ein Sachpfandrecht (§ 771 Abs. 1).

3. Hat der Reeder die Fracht eingezogen, so haftet er beschränkt-persönlich (§ 771 Abs. 4).

4. Hat der Reeder die Fracht cediert, so richtet sich das Gläubigerrecht gemäss den Fällen 1—3 gegen den Cessionar (§ 771 Abs. 3).

5. Versendet der Reeder eigene Güter, so haftet er beschränkt-persönlich in Höhe der ortsüblichen Fracht (§ 771 Abs. 5).

6. Verwendet der Reeder die Fracht zur Befriedigung nachstehender Gläubiger, so haftet er den vorgehenden nur dann beschränkt-persönlich, wenn er die Bevorzugung wissentlich begangen hat (§ 772).

f) Für die Rangordnung der Schiffsgläubigerrechte gelten folgende Regeln:

1. Die Schiffsgläubigerrechte gehen allen anderen Pfandrechten sowie selbstverständlich allen sonstigen Ansprüchen vor (§ 776).

2. Die Bewachungs- und Verwahrungskosten (§ 754 Nr. 1) gehen allen anderen Schiffsgläubigerrechten ohne Rücksicht auf die Zeit der Entstehung vor (§ 766).

3. Die Unfall- und Invalidenversicherungsforderungen gehen allen anderen Schiffsgläubigerrechten ohne Rücksicht auf die Zeit der Entstehung nach (§ 770).

4. Bei den Nummern 2-9 des § 754 gehen die Forderungen der späteren Reise denen der früheren

Reise vor (§ 767 Abs. 1). Hiervon bestehen zwei Ausnahmen:

a. Die Heuerforderungen aus mehrere Reisen umfassenden Verträgen haben sämtlich den Rang der Forderungen aus der letzten Reise (§ 767 Abs. 2).

b. Die Forderungen aus mehrere Reisen umfassenden Bodmereiverträgen haben sämtlich den Rang der ersten Reise (§ 767 Abs. 3).

5. Stammen Forderungen aus § 754 Nr. 2-9 von derselben Reise, so rangieren sie in der Nummernfolge. Jedoch stehen Nr. 4-6 und 8 und 9 einander gleich (§ 768).

6. Forderungen der Nummern 2 und 3, 7-9 aus derselben Reise und derselben oder einer gleichgestellten Nummer stehen einander gleich (§ 769).

7. Forderungen der Nummern 4-6 aus derselben Reise rangieren untereinander nach dem Alter, indem die jüngere der älteren vorgeht (§ 769).

8. Schiffsgläubigerrechte, die im Auslande entstanden sind, werden in Deutschland nur anerkannt, wenn sie auch nach deutschem Rechte Schiffsgläubigerrechte sind, rangieren dann aber nach deutschem Rechte.

g) Die Befriedigung aus dem Schiffsgläubigerrecht erfolgt stets nur auf Grund eines Vollstreckungstitels im Wege der Zwangsvollstreckung.

Die Klage kann gerichtet werden: gegen den Reeder, den Ausrüster, den Schiffsmakler, den Schiffer, jeden besitzenden Nichteigentümer des Schiffes, den Cessionar der Frachtforderung oder einer Surrogatsforderung (§§ 755, 761, 771 Abs. 2, 773, 775), und zwar gegen den Schiffer auch bei beschränkt-persönlicher Haftung des Reeders.

Die Zwangsvollstreckung geschieht:

a. Bei registrierten Schiffen nach ZPO §§ 864, 865 und ZVG. §§ 162 ff.

b. Bei nicht registrierten Schiffen nach den Regeln der Zwangsvollstreckung in körperliche Sachen (§§ 808 ff. ZPO.).

c. Hinsichtlich der Fracht und der Surrogatsforderungen nach den Regeln der Zwangsvollstreckung in Forderungen (§§ 828 ff.).

Streitig ist die Frage, ob das Schiffsgläubigerrecht an den Schiffstrümmern fortdauert, und ob solchen Falls die Klage gegen den blossen Besitzer der Trümmer gerichtet werden kann auf Grund des § 755 Abs. 2. Das Hanseatische Oberlandesgericht hat beide Fragen bejaht (Hans.R.Zeitschrift 1926 s 135).

§ 14. Die Zwangsvollstreckung in Schiffe und Parten

a) Zwangsvollstreckung und Arrest sind unzulässig in segelfertige Schiffe (§ 482). Dies gilt sowohl für registrierte wie nicht registrierte, für inländische wie ausländische Schiffe.

Segelfertig ist ein Schiff, wenn es bemannt, beladen, mit den Schiffspapieren versehen und zollamtlich abgefertigt ist. Die Entscheidung darüber, ob ein Schiff segelfertig ist, hat in Hamburg die Hafenbehörde. Massgeblich ist der Augenblick, in dem die Vollstreckungshandlung vollzogen werden soll, nicht der, in dem der Arrest oder sonstige Titel oder Klausel erlassen wird.

Die Beschlagnahmefreiheit des segelfertigen Schiffs gilt nicht, wenn es sich um Schulden handelt, die zum Behufe der bevorstehenden Reise eingegangen sind (§ 482 Abs. 2).

Eine Zwangsvollstreckung oder ein Arrest sind aus öffentlich rechtlichen Gründen untersagt in Schiffe, die einem fremden Staat (nicht dessen Privatpersonen) zu vollem oder teilweisem Eigentum gehören.

b) Die Vollziehung des Arrestes sowohl in nicht registrierte wie in registrierte Schiffe erfolgt wie bei beweglichen Sachen (§ § 930, 931 ZPO.). Der Gerichtsvollzieher legt das Schiff an die Kette. Auf Antrag des Gläubigers wird das Arrestpfandrecht ins Schiffsregister eingetragen, damit es nicht dem Erlöschen durch gutgläubigen Erwerb des Schiffes seitens Dritter ausgesetzt ist. Ist das Arrestpfand eingetragen, so wird es wie ein sonstiges Registerpfandrecht behandelt (§ 931 Abs. 3 ZPO.).

c) Die Zwangsvollstreckung in nicht registrierte inländische Schiffe und in sowie ausländischen Schiffe, die in Deutschland nicht eintragungsfähig wären, geschieht wie bei beweglichen Sachen (§ § 171 GVG., 808 ff. ZPO.). Ist der Schuldner zur Herausgabe eines bewohnten Schiffes verurteilt, so hat der Gerichtsvollzieher ihn aus dem Besitz zu setzen und den Gläubiger einzuweisen (§ 885 Abs. 1 ZPO.). Hier wird das Schiff also wie ein Grundstück behandelt. Selbstverständlich gilt letztere Vorschrift auch für registrierte Schiffe.

d. Die Zwangsvollstreckung in nicht eingetragene Schiffsparten erfolgt wie die in sonstige Rechte (§ 857 ZPO.). Für die Parten eingetragener Schiffe gelten aber einige Besonderheiten (§ 858 ZPO.).

Part wird hier im Sinne von Miteigentumsquote nicht Gesellschaftsanteil verstanden. Wer jedoch in der Versteigerung die Part erwirbt, wird zugleich Mitreeder. Andererseits kann der Pfändungsgläubiger anders wie bei der Gesellschaft § 725 BGB. die Reederei nicht kündigen.

Das Pfändungspfandrecht steht den älteren Partpfandrechten nach. Jedes Schiffspfandrecht geht allen Partpfandrechten vor.

Vollstreckungsgericht ist das Amtsgericht des Heimatshafens, nicht das des Schuldnerwohnsitzes (§ § 858 Abs. 2, 828 ZPO.).

Der Pfändungsbeschluss ist dem Schuldner (§ 857 Abs. 2) und dem Korrespondentreeder zuzustellen (§ 858 Abs. 1). Letzteres ist auffällig, weil er nicht Drittschuldner ist.

Die Befriedigung erfolgt weder durch Überweisung an Zahlungsstatt noch zur Einziehung, sondern durch Versteigerung (§ 844 ZPO.). Dem Veräusserungsantrag ist ein Registerauszug beizufügen, damit das Gericht die vorgehenden Pfandrechte ersehen kann. Sind solche vorhanden, so muss das Gericht von Amtswegen die Hinterlegung des Erlöses anordnen (§ 858 Abs. 5). Es findet dann das Verteilungsverfahren nach § § 873-882 ZPO. statt. Eine Veräusserung der Part an einen Ausländer ist unstatthaft (§ § 503? HGB. und 23 FLG.).

e. Die Zwangsvollstreckung in registrierte Schiffe ist geregelt in § §

864, 865, 870 ZPO. 162-171 Zw.VG. Es gelten im wesentlichen die Regeln über die Vollstreckung in Grundstücke mit folgenden Besonderheiten:

1. Vollstreckungsgericht ist das Amtsgericht, in dessen Bezirk sich das Schiff befindet (§ 163 Zw. VG.).

2. Subhastat ist der Eigenbesitzer des Schiffes (§ 164 ZVG.) (Es braucht nicht der wirkliche Eigentümer noch der Eingetragene zu sein, während die Zwangsvollstreckung in Grundstücke nur gegen den im Grundbuch als Eigentümer Eingetragenen zulässig ist; der Ausrüster oder der Schiffer (§ 166 ZVG.).

3. Beteiligte sind der Gläubiger, der Schuldner, die Schiffsgläubiger und die Registerpfandgläubiger.

4. Das Gericht hat für Bewachung und Verwahrung des Schiffs zu sorgen. Die Vollziehung einer solchen Anordnung gilt als Beschlagnahme (§ 165 Zw.VG.).

5. Es gibt nur eine Zwangsversteigerung, keine Zwangsverwaltung oder Zwangshypothek (§ 870 Abs. 2 ZPO.).

6. Es gibt kein geringstes Gebot (Ausnahme: Versteigerung zwecks Aufhebung einer Gemeinschaft § 182 Abs. 3 Zw.VG.). Das Meistgebot ist in bar zu berichtigen (§ 169 Zw.VG.).

7. Es gibt kein Uebernahmeprinzip. Sämtliche Belastungen erlöschen durch den Zuschlagsbeschluss.

8. Der Erlös wird sofort an die Beteiligten verteilt. Soweit das nicht möglich ist, wird die Forderungsquote dem Gläubiger gegen den Ersteher überwiesen und für ihn ein Registerpfandrecht von amtswegen eingetragen (§ 169 Zw.VG.).

9. Auf ausländische Schiffe, die in Deutschland registerfähig wären, finden obige Grundsätze mit kleinen Abweichungen Anwendung (§ 171 Zw.VG.).

§ 15. Die Ladung

a) Ladung ist die Gesamtheit der verfrachteten Gegenstände. Das Reisegepäck der Passagiere gilt nicht als Ladung, obwohl es in mancher Hinsicht ähnlich behandelt wird (§ 673). Nicht zur Ladung gehört, was nicht um der Beförderung willen an Bord kommt z. B. Ballast, Kohlen, Proviant, Munition. Ladung ist nur, was sich an Bord des Schiffs befindet. Daher ist ein geschlepptes Schiff nicht Ladung. Wird aber ein abgetakeltes Schiff geschleppt, das selbst keine Bemannung an Bord hat und haben kann, so wird man dies gleichen Rechtsregeln wie die Ladung unterwerfen können.

Dem Schiff als Seevermögen des Reeders steht die Ladung als Seevermögen der Ladungsbeteiligten gegenüber. Aber die Ladung ist nicht wie das Schiff ein unteilbares Ganzes. Manchmal werden dingliche Rechte und Ansprüche die Gesamtladung betreffen, manchmal nur das Gut des einzelnen Befrachters oder des einzelnen Konnossements.

In ersterem Falle entstehen grosse Schwierigkeiten hinsichtlich der Durchführung der Rechte. In wie weit gibt es eine Gesamthaftung? In wie weit nur anteilige Haftung? Wie ist es mit den Ausgleichsansprüchen? Es sind hier folgende Fälle zu unterscheiden:

1 Werden verschiedene Ladungen miteinander im Schiffsraum vermischt, so tritt eine Rechtsgemeinschaft der Ladungsbeteiligten (communio incidens) ein, die im Bürgerlichen Recht geregelt ist (§ 948).

2 Ist ein Teil der Ladung für andere Teile oder für das Schiff aufgeopfert worden, so liegt grosse Haverei vor. Die anzuwendenden Rechtsregeln sind in §§ 700 ff. HGB. zusammengestellt.

3. Der Schiffer kann in Notfällen über Ladungsteile zum Besten des Gesamtunternehmens verfügen (§ 535).

4 Oft verursachen mehrere nicht vermengte Einzelladungen gemeinsam gesetzliche Pfandrechte, z. B. die Löschzeit wird überschritten. Wer hat dann Liegegeld zu zahlen? Alle Empfänger (solidarisch oder anteilich)? oder nur der letzte Empfänger oder nur der Schuldige? Man nimmt meistens an, dass alle solidarisch haften und der in Anspruch genommene anteilige Ausgleichsansprüche hat. —

b. Die Ladungsbeteiligten (wer von ihnen ist Teilfrager) haben den **mittelbaren Besitz** der an Bord gebrachten Waren. Sind Konnossemente ausgestellt, so hat deren legitimierter Inhaber Eigentum und mittelbaren Besitz an den Waren. Den unmittelbaren Besitz hat der Reeder. Der Schiffer ist nur Besitzdiener, doch fassen Schaps und andere den Schiffer als unmittelbaren Besitzer auf. Das handelsrechtliche Zurückbehaltungsrecht haben die Ladungsbeteiligten aber nur, sofern sie die Ware n o c h im mittelbaren Besitz haben, also nur der Befrachter resp. Ablader, nicht aber der Empfänger, mag letzterer auch schon die Konnossemente erhalten haben (§ 369 Abs. 1). —

c) An der Ladung können ebenso wie am Schiff d i n g l i c h e R e c h t e, insbesondere Pfandrechte, entstehen. Eine Uebersicht über die Haftungsmöglichkeiten ist bereits in § 7 gegeben. Hier soll nur das P f a n d r e c h t näher erläutert werden.

Es gibt 4 Fälle des seerechtlichen Ladungspfandrechts:

1. Für die Bodmereiforderung (§ 679).
2. Für Berge- und Hilfslohnforderung (§ 751).
3. Für Forderungen aus grosser Haverei (§ 725).
4. Für Fracht- und Nebenforderungen (§ 623).

Nr. 1 beruht auf Rechtsgeschäft, Nr. 2-4 auf Gesetz. —

Hinsichtlich der Rangfolge gelten nur drei Regeln: Nr. 4 geht den Nr. 1-3 nach; das später entstandene Pfandrecht geht den älteren vor; gleichzeitig entstandene sind gleichberechtigt (§ 777). —

Im Falle 4 besteht neben der dinglichen Haftung eine persönliche, in den Fällen 1-3 nur bei Verschulden oder Garantie. —

Das Pfandrecht des Verfrachters setzt an sich Besitz voraus, dauert aber noch 30 Tage nach der Ablieferung fort (§ 623), dagegen erfordern die drei ersten Pfandrechte keinen Besitz. —

Das Pfandrecht entsteht nicht, wenn der Seetransport dem Ladungsbeteiligten gegenüber widerrechtlich erfolgt ist und der Ladungsgläubiger nicht gutgläubig war. Beim Verfrachterpfandrecht kommt aber § 366 Abs. 2 zur Anwendung. Hinsichtlich der Surrogatshaftung sei verwiesen auf § § 7 und 8 d 2. Zu beachten ist nur noch dass auch der Schiffer beschränkt persönlich haftet, wenn er die Ladung an den Empfänger ausliefert, ohne sich die

Ladungsschulden zahlen zu lassen (§ § 694, 731, 752). Für Havereibeiträge haftet er sogar unbeschränkt persönlich (§ 731). Erwirbt ein gutgläubiger Dritter die mit Ladungsgläubigerrechten belastete Ware, so erlöschen die Verfrachterpfandrechte. Die übrigen Pfandrechte können dann gegen den gutgläubigen Dritten nicht geltend gemacht werden, wohl aber gegen spätere Erwerber, welche hinsichtlich des Pfandrechts nicht gutgläubig waren (§ § 696, 751, 725). Anders beim Schiffsgläubigerrecht!

Bei der Befriedigung aus dem Ladungsgläubigerrecht ist zu unterscheiden:

1. Der Verfrachter kann wegen seines eigenen Pfandrechts und wegen der Havereipfandrechte ohne Titel Befriedigung suchen im Wege des Privatverkaufs (§ § 1228 ff. BGB., 731 HGB.), wie beim Faustpfand.

2. Die Bodmerei- und Berge- und Hilfslohngläubiger bedürfen eines Vollstreckungstitels gegen den Schiffer resp. Empfänger und müssen nach den Vorschriften der Zivilprozessordnung über Zwangsvollstreckung in bewegliche körperliche Sachen vorgehen (§ § 696, 697, 751).

C. Das Vertragsrecht

§ 16. Der Frachtvertrag:
Allgemeines

(§ § 556—559, 564, 565, 566).

a) Durch den S e e f r a c h t v e r t r a g verpflichtet sich der Verfrachter zur Beförderung von Gütern mit einem Seeschiffe gegen Bezahlung (Fracht).

Verfrachter kann sein: Der Reeder, der Ausrüster oder der Unterverfrachter. Sein Gegenkontrahent ist der Befrachter. Dieser braucht nicht Eigentümer der Ladung zu sein. Ablader ist derjenige, der die Güter in eigenem Namen an Bord gibt. Beide sind Ladungsbeteiligte (§ § 535 ff.) und Reiseinteressenten (§ 512). Sobald der Ablader die Anlieferung der Güter zugesagt hat, tritt er in ein quasikontraktliches Verhältnis zum Verfrachter. Er hat dann eigene Ansprüche auf Beförderung der Güter, auf Schadensersatz etc. Die Konnossemente sind ihm auszuliefern. Auf Grund derselben hat er das alleinige Verfügungsrecht über die Ladung.

Gegenstand des Frachtvertrages sind Güter aller Art, auch Leichen, nicht aber lebende Menschen.

Der Frachtvertrag ist eine Abart des Werkvertrages, nicht eine Unterart. Der Verfrachter haftet nicht unter allen Umständen für den Erfolg.

Kein Frachtvertrag ist die Schiffsmiete, bei der der Mieter Ausrüster wird. Ein Mittelding ist die s. g. locatio conductio navis et operarum magistri, bei welcher der Kapitän Angestellter des Vermieters bleibt. Streitig ist, ob dann der Vermieter nach § 278 BGB dem Mieter für mangelhafte Dienstverrichtung des Kapitäns haftet.

b) Der Frachtvertrag wird e i n g e t e i l t (§ 556):

I. In Chartervertrag.
1. Betreffs des ganzen Schiffes.

2. Betreffs eines verhältnismässigen Teils eines Schiffes (Teilcharter).

3. Betreffs eines bestimmten Schiffsraumes (Raumcharter).

II. Und Stückgüterverträge.

Nur beim Chartervertrag betr. des ganzen Schiffs gibt es Innen-charter. Diese ist oft schwer von der Schiffsmiete zu unterscheiden.

Zahlreiche Vorschriften des Gesetzes beziehen sich nur auf den Charter- nicht auch auf den Stück-gütervertrag, so insbesondere die Bestimmungen über Abladung, Löschung, Faut- und Distanzfracht.

c. Der Frachtvertrag ist an sich f o r m l o s, aber jede Partei kann von der anderen beim Char-terverträge eine schriftliche Urkunde (Chartepartie-carta partita) verlangen (§ 557). Die Chartepartie ist kein Wertpapier, nur Beweisurkunde. Sie regelt das Vertragsverhältnis zwischen Befrachter und Verfrachter.

Das K o n n o s s e m e n t dagegen wird vom Verfrachter (Schiffer oder Schiffsmakler) dem Ab-lader gegeben, regelt mithin auch das Verhältnis zwischen diesen beiden Personen, resp. zwischen Verfrachter und Empfänger. Es ist Wertpapier (§ 363).

S c h i f f s z e t t e l werden auf Grund des Frachtvertrages vom Reeder dem Ablader übersandt. Sie enthalten eine Anweisung an den Schiffer zur Entgegennahme der Güter. Es sind nur Begleitpa-piere, nach herrschender Ansicht keine Legitimati-onspapiere.

Das R e c e p t ist eine vom Schiffer über den Empfang der Ladung ausgestellte Quittung, auf Grund deren vom Reeder oder Schiffsmakler die Konnossemente dem Ablader ausgehändigt werden. Es ist Legitimationspapier.

d. Der B e s t i m m u n g s o r t kann von An-fang an festgesetzt sein, kann aber auch noch nach-träglich angegeben werden (Orderhafen). Unter Um-ständen gibt es gar keinen Bestimmungsort, z. B. wenn Güter versenkt werden sollen. In letzterem Falle fehlt auch der Ladungsempfänger.

Der Frachtvertrag bezieht sich, von der Zeitcharter abgesehen, auf eine b e s t i m m t e R e i s e. Dagegen ist es nicht üblich, eine F r i s t festzusetzen, innerhalb welcher der Vertrag erfüllt sein soll.

Der Vertrag kann sich auf ein b e s t i m m t e s S c h i f f beziehen oder ohne Benennung eines solchen abgeschlossen sein. Letzterenfalls kann der Verfrachter — natürlich auf eigene Kosten — beliebig umladen, sowohl vor wie nach Antritt der Reise. Dagegen darf er ersterenfalls weder ein anderes Schiff stellen noch umladen, es sei denn, dass ein Notfall vorliegt oder der Befrachter sein Einverständnis erklärt hat (§ 565). Handelt er dem schuldhaft zuwider, so ist er voll schadensersatzpflichtig (nicht nur gemäss § § 611, 613).

e) Der Verfrachter haftet für S e e t ü c h t i g k e i t. Ueber den Begriff siehe § 10. Diese Haftung hat gegenüber der allgemeinen Haftung zwei Besonderheiten (§ 559):

1. Er haftet auch ohne Verschulden. Entlasten kann er sich nur durch den Nachweis, dass der Mangel bei Anwendung der erforderlichen Sorgfalt nicht zu entdecken war.

2. Er haftet für vollen Schaden, nicht nur für den gemeinen Handelswert (§ § 611, 613).

Diese Haftung wird in der Regel eine unbeschränkt persönliche und zugleich dingliche sein (letzteres wegen § § 513, 485, 486; etwas anders Schaps Anm. 5 zu § 559). Bestreitet der Charterer vor Antritt der Reise die Seetüchtigkeit, so muss der Verfrachter letztere beweisen. Hat aber der Charterer das Schiff ungerügt abfahren lassen, so muss er die mangelnde Seetüchtigkeit beweisen, wenn er hieraus Rechte herleiten will. Dies folgt aus § 363 BGB. Beim Stückgütervertrag muss dagegen der Verfrachter stets die Seetüchtigkeit beweisen.

Die Vercharterung eines ganzen Schiffs erstreckt sich nicht auf die K a j ü t e (§ 558). Jedoch dürfen auch Verfrachter und Schiffer keine Güter in die Kajüte aufnehmen, m. E. aber wohl Passagiere, während der Befrachter auch keine Passagiere in die Kajüte legen darf. Abweichende Vereinbarungen sind natürlich zulässig. An D e c k dürfen Güter nur mit Einwilligung des Abladers verladen

werden (§ 560). Bei Zuwiderhandlungen haftet der
Verfrachter auf ... Schadensersatz ... nicht nur gemäss §§ 611, 613. —

§ 17. Der Frachtvertrag:
Abladung und Löschung
(§§ 560—605).

a. Die Wahl des Ladungsplatzes im
Abladehafen steht beim Chartervertrag dem Befrachter resp. Ablader zu (§ 560). Aber der Schiffer ist an die Anweisung nur gebunden unter folgenden Voraussetzungen:

1. Sie muss rechtzeitig erfolgen.

2. Beim Teil- und Raumchartervertrag müssen
sämtliche Befrachter denselben Platz angewiesen
haben.

3. Der Platz muss geeignet sein. Er ist letzteres nicht, wenn die Wassertiefe, die Sicherheit des
Schiffs oder örtliche Verordnungen oder Einrichtun-
gen die Benutzung verbieten.

4. Der Platz darf nicht anderweitig besetzt sein.

Liegt eine diesen Bedingungen entsprechende
Anweisung nicht vor, so hat der Schiffer am ortsüblichen Ladungsplatz fest zu machen. Bei Stück-
güterverträgen ist letzteres stets der Fall. Feste Li-
nien haben gewöhnlich feste Ladungsplätze. Ist das
Schiff irgendwie gehindert, den Ladungsplatz zu erreichen, so geht das zu Lasten des Verfrachters.
Dies gilt auch dann, wenn er garnicht im Stande
ist, das Hindernis zu beseitigen, z. B. Eisgang (s.
g. objektive Hindernisse). Die Ladezeit beginnt in
solchen Fällen nicht gegen den Befrachter zu laufen.

Ist die Beladung des Schiffs nur mit Leichtern
möglich, so gehen die hierdurch entstehenden Mehrkosten zu Lasten des Schiffs. Im übrigen hat der Befrachter die Güter kostenfrei bis ans Schiff zu liefern, während der Verfrachter die Kosten der Ein-
ladung zu tragen hat, sofern nicht Vertrag, örtliche
Verordnungen oder Ortsgebrauch etwas anderes bestimmen (§ 561).

Der Befrachter ist berechtigt, statt der ver-
tragsmässigen Güter andere an Bord
zu liefern unter 4 Voraussetzungen (§ 562):

1. Sie müssen denselben Bestimmungshafen haben.
2. Die Lage des Verfrachters darf dadurch nicht erschwert werden.
3. Es darf im Vertrage nicht ausgeschlossen sein.
4. Die Güter dürfen im Vertrage nicht »speziell« bezeichnet sein.

Befrachter und Ablader müssen die Güter r i c h t i g b e z e i c h n e n, sie dürfen keine Kriegskonterbande oder sonst verbotene Güter an Bord bringen und müssen die Polizei-, Steuer- und Zollgesetze beachten. Bei s c h u l d h a f t e r Zuwiederhandlung haften sie nicht nur aus dem Frachtvertrage sondern e lege (quasi ex delicto) dem Verfrachter und allen Reiseinteressenten (§ § 563, 512). Zustimmung des Schiffers befreit nicht von der Verantwortung gegenüber den übrigen Personen. Im Falle der Konfiskation solcher Güter ist die Fracht doch zu zahlen. Gefährden diese Güter Schiff oder sonstige Ladung, so kann der Schiffer sie an Land setzen oder über Bord werfen.

Dasselbe gilt, wenn h e i m l i c h Güter an Bord gebracht werden (§ 564). —

b) Nur für den Chartervertrag gelten die Vorschriften betr. L a d e z e i t, U e b e r l i e g e z e i t und W a r t e z e i t (§ § 567-577).

L a d e z e i t ist diejenige Zeit, während welcher der Verfrachter auf die Ladung warten muss. Sie beginnt am Tage nach der Anzeige von der Ladebereitschaft abseiten des Schiffers an den Befrachter (§ 567). Die Anzeige darf erst erfolgen, wenn das Schiff tatsächlich lade-bereit ist. Den Ladungsplatz braucht es noch nicht eingenommen zu haben, wohl aber muss es im Abladehafen liegen.

Die Anzeige ist formlos. Ist sie nach Geschäftsschluss oder an einem Feiertage erfolgt, so gilt sie als am nächsten Werktage zugegangen.

Ein Entgelt wird für die Ladezeit nicht berechnet. Dies ist in der Fracht eingeschlossen. Die Dauer der Ladezeit ist gesetzlich nicht festgelegt. Sie richtet sich nach Vertrag, örtlichen Verordnungen, Ortsgebrauch, Angemessenheit (§ 568). Vertraglich wird gelegentlich eine Gesamtfrist für Beladung und Löschung bestimmt. Dann können die bei der Beladung ersparten Tage der Löschzeit hinzugerechnet werden und umgekehrt.

Die Berechnung der Ladezeit erfolgt in Ermangelung anderer Vereinbarung nach vollen Kalendertagen von Mitternacht zu Mitternacht. Eingerechnet werden:

1. Sonn- und Feiertage.

2. Diejenigen Tage, an welchen der Befrachter durch eigene Schuld oder Zufall an der Abladung verhindert ist (§ 573).

nicht dagegen:

1. Die Tage, an denen das Schiff durch Schuld oder Zufall an der Uebernahme verhindert ist.

2. Die Tage, an denen jede Art Ladung durch Zufall unmöglich ist (objektive Hindernisse) (§ 573).

In letzterem Falle ist aber für die ausgefallenen Tage Liegegeld zu zahlen (§ 574); dieser 2. Fall entfällt ganz bei fixiertem Abladungstermin (§ 576).

Eine U e b e r l i e g e z e i t tritt zur Ladezeit nur hinzu, wenn es vereinbart ist (§ 567). Ihre Dauer richtet sich nach Vertrag. Ist nichts abgemacht, so beträgt sie 11 Tage (§ 568).

Sie beginnt (§ 569):

1. Wenn die Ladezeit vertraglich bestimmt ist, ohne weiteres mit deren Ablauf.

2. Andernfalls mit der Anzeige des Verfrachters an den Befrachter, dass die Ladezeit abgelaufen sei.

Die Berechnung der Ueberliegezeit ist dieselbe wie die der Ladezeit (§ 573).

Für die Ueberliegezeit ist L i e g e g e l d zu zahlen. Die Höhe richtet sich nach Vertrag oder Billigkeit (§ 572). Liegegeld ist keine Vertragsstrafe sondern Erweiterung der Fracht.

Für die Tage, an welchen der Verfrachter während der Ueberliegezeit an der Uebernahme durch Schuld oder Zufall verhindert ist, ist Liegegeld nicht zu zahlen (§ 574).

Ladezeit und Ueberliegezeit enden nicht von selbst. Voraussetzung ist vielmehr, dass der Verfrachter dem Befrachter drei Tage vor dem Ablauf der Zeiten das Ende anzeigt (also kündigt). Tut er das nicht, so laufen noch weitere 3 Tage als Lade-

resp. Ueberliegezeit. Die 3 Tage laufen auch während objektiver Ladungshindernisse (§ 570). Die Anzeige ist nicht erforderlich:

1. Wenn sie im Vertrage (Charterpartie) ausgeschlossen ist.

2. Wenn der Befrachter erklärt hat, dass er nicht beladen wolle.

3. Wenn die Beladung beendet ist.

4. Wenn der Anspruch auf längeres Warten chikanös wäre.

Die Zeit während welcher der Verfrachter warten muss, also die Ladezeit einschliesslich der eventuellen Ueberliegezeit und drei Tage, heisst »W a r t e z e i t«. Wird die vertragliche oder angemessene Ladezeit vom Befrachter nicht ausgenutzt, so kann er nur bei besonderer Abrede Abzug des D e s p a t c h m o n e y verlangen.

Soll der Verfrachter die Ladung von einem Dritten (Ablader) erhalten und ist letzterer nicht zu ermitteln, säumig oder weigert er die Beladung, so braucht der Schiffer, falls er den Befrachter von obigem »schleunigst« benachrichtigt hat, nur das Ende der Ladezeit abzuwarten, falls er vom Befrachter keine anderweitige Anweisung erhält (§ 577).

Innerhalb der Wartezeit muss der Befrachter dem Schiffer ausser der Ladung auch deren Begleitpapiere zukommen lassen (§ 591).

c) Der Verfrachter hat gegen den Befrachter keinen erzwingbaren Anspruch auf Abladung und Durchführung der Reise, wohl aber im Allgemeinen auf Fracht und Nebenkosten. Es sind folgende Fälle beim Chartervertrag zu unterscheiden:

1. Liefert der Befrachter die Güter bis zum Ablauf der Wartezeit nicht voll an Bord, so ist der Verfrachter berechtigt und auf Verlangen des Befrachters verpflichtet, die Reise anzutreten. Der Befrachter hat dann d i e v o l l e F r a c h t, das Liegegeld und alle Mehrkosten (z. B. durch Ballastübernahme entstandene) — letztere abzüglich der Ersparnisse — zu zahlen (§ § 578, 579). Man spricht hier von »L e e r f r a c h t«.

2. Auch nach Antritt der Reise kann der Befrachter zurücktreten und Wiederausladung verlan-

Ist er — auch ohne Verschulden — säumig, so kann der Verfrachter die Reise beginnen lassen und die volle Fracht fordern unter Abzug anderweitigen Gewinnes. Er muss aber seine Absicht, volle Fracht zu fordern, dem Befrachter vor der Abreise kundgeben. Sonst verliert er den Frachtanspruch.

Ein Rücktrittsrecht nach der Abladung hat der Befrachter in gleicher Weise wie der Teil- und Raumcharterer (§ 589).

Wie gross die Wartezeit ist, ist in Ermangelung vertraglicher Abmachung vom Richter im Wege der freiwilligen Gerichtsbarkeit nach billigem Ermessen festzusetzen (§ § 590 HPB., 145, 146 Fr. G.G.).

e) Für die **L ö s c h u n g** kommen die unter a bis d dargestellten Regeln entsprechend zur Anwendung mit folgenden Besonderheiten (§ § 592-605):

1. Der Löschplatz wird vom Empfänger bestimmt, ev. von der Gesamtheit der Empfänger.

2. Die Löschzeit und Ueberliegezeit sind im Gesetz ebenso geregelt wie die Lade- und deren Ueberliegezeit. Aber in Hamburg und Bremen ist die Dauer der Löschzeit durch Verordnungen vom 29. 12. 1899 resp. 12. 7. 1901 für die einzelnen Schiffs- und Ladungsarten festgelegt. Sie schwankt zwischen 3 und 11 Tagen. Eine Ueberliegezeit gibt es daneben nicht.

3. Die Leichterkosten trägt das Schiff, wenn es den Löschhafen nicht erreichen kann, dagegen der Empfänger nicht zu ermitteln ist oder die Annahmeplatz die Leichterung erforderlich macht.

4. Ueber die Lösch- resp. Ueberliegezeit hinaus braucht der Schiffer auf Abnahme der Güter nicht zu warten. An Stelle der dreitägigen Frist tritt das **H i n t e r l e g u n g s r e c h t** und die **H i n t e r l e g u n g s p f l i c h t** (§ 601).

B e r e c h t i g t zur Hinterlegung ist der Schiffer, wenn der Empfänger sich zwar zur Abnahme bereit erklärt hat, aber diese verzögert, also in Gläubigerverzug kommt. Vorherige Androhung ist nicht erforderlich, aber nachträgliche Benachrichtigung des Empfängers.

Der Schiffer **m u s s** hinterlegen: Wenn der Empfänger nicht zu ermitteln ist, oder die Annahme verweigern oder sich auf die Anzeige des Schiffers nicht erklärt. In diesem Fall sind Empfänger und Befrachter von der Hinterlegung zu benachrichtigen. Die Kosten der Hinterlegung gehen zu Lasten des Empfängers. Wird durch die Hinterlegung die Löschzeit überschritten, so ist Liegegeld zu zahlen. Wird auch die Ueberliegezeit überschritten, so hat der Verfrachter auch einen Schadensersatzanspruch (§ 602).

Zum Selbsthilfeverkauf darf der Schiffer nur schreiten bei Gefahr im Verzuge z. B. wenn die Ware zu verderben droht. —

§ 18. Der Frachtvertrag: Haftung der Verfrachters

§ § 606—613.

a. Der Verfrachter kann aus den verschiedensten Gesichtspunkten für Verlust und Beschädigung der Güter in Anspruch genommen werden:

1. Vom Befrachter aus dem Frachtvertrage schlechthin (ev. aus der Chartepartie).

2. Vom Konnossementsinhaber aus der Skripturobligation.

3. ex recepto, d. h. aus der Uebernahme als solcher.

4. ex delicto.

5. Aus Spezialbestimmungen z. B. für Seetüchtigkeit (§ 559), unzulässiger Umladung (§ 565) und unerlaubter Verladung an Deck (§ 566).

Es ist nun eine grosse Streitfrage, ob die § § 606-613 sich nur auf die Haftung ex recepto oder auch auf die beiden erstgenannten Haftungsgründe beziehen. Schaps—Mittelstein und Brandis sind wenigstens hinsichtlich der § § 606, 607 und 611-613 ersterer Ansicht. Leo Hans. R. Z. 1925 S. 117 leugnet überhaupt das Vorhandensein einer Haftung ex recepto und will folgerichtig die § § 606-613 auf die Vertrags- und Konnossementshaftung angewendet wissen. Ich meine: Entbehren lässt sich die Haftung ex recepto nicht. Wie soll man sonst die selbständigen Rechte des Abladers erklären? Und wie die Haftung des Verfrachters für Güter, die weder im Konnossement noch Frachtvertrag genannt sind?

Aber ich sehe keinen zwingenden Grund, den Verfrachter verschieden zu behandeln, je nachdem ob ex recepto, ex contractu oder ex scriptura geklagt wird, und möchte daher in jedem der drei Fälle die §§ 606-613 angewendet wissen. Die herrschende Meinung hat sich m.E. noch zu wenig losgelöst von den zur Zeit des AD. HGB. berechtigten Anschauungen. Der Text der §§ 611-613 spricht für meine Auffassung.

b) Nach dem AD. HGB. haftete sowohl im Land- wie im Seefrachtrecht der Frachtführer resp. Verfrachter für Zufall. Er konnte sich nur entlasten durch den Nachweis, dass höhere Gewalt, natürliche Beschaffenheit der Güter oder Verpackungsmängel den Schaden herbeigeführt hätten. Aehnlich ist es heute noch bei der Eisenbahn (§ 456). Dagegen haftet der Verfrachter heute nur für eigenes Verschulden und Verschulden seiner Leute, insbesondere der Besatzung. Aber dieses Verschulden wird vermutet. Der Verfrachter muss aufklären, wie der Schaden entstanden ist, und nachweisen, dass er durch die Sorgfalt eines ordentlichen Verfrachters nicht abgewendet werden konnte (§ 606).

Soweit ein Verschulden der Besatzung oder anderer Hilfspersonen vorliegt, haftet der Verfrachter nur mit dem Schiffsvermögen (§§ 485, 486), nur bei eigenem Verschulden auch persönlich. Die Ladungsinteressenten haben ein Schiffsgläubigerrecht (§ 754).

Bei der Haftung ex recepto muss der Kläger beweisen, dass die Güter dem Verfrachter unversehrt übergeben sind, und dass sie unbeschädigt abgeliefert sind. Herrscht Streit über die Identität der empfangenen und abgelieferten Güter, so ist der Verfrachter beweispflichtig.

Als Kläger kommen in Betracht: Der Befrachter, der Ablader, der Empfänger (auch wenn er nur Destinatär ist). Im Einzelnen ist zu unterscheiden:

1. Der Befrachter kann ex contractu (Chartepartie) oder ex recepto klagen.

2. Der Ablader ex recepto oder ex scriptura.

3. Der Empfänger: ex contractu, weil der Frachtvertrag als Vertrag zu Gunsten eines Dritten aufzufassen ist, ex recepto nur, wenn Befrachter oder

Ab, oder ihm Ihre Rechte abgetreten haben, ex scriptura, sobald er die Konnossemente hat.

Klageberechtigt ist im übrigen jeweils derjenige, welcher über die Ladung verfügen kann, einerlei ob er der materiell Geschädigte ist.

Die Haftung beginnt mit der Annahme der Ladung, d. h. mit der tatsächlichen Entgegennahme an Land oder an Bord. Wird sie an den Kai geliefert, so kommt es darauf an, ob der Kai als Vertreter des Schiffs aufzufassen ist, was im Zweifel der Fall sein wird.

Die Haftung endet mit der Ablieferung an den Empfänger resp. dessen Beauftragten, der nicht rechtsgeschäftlicher Vertreter zu sein braucht, oder an den Kai, sofern ausnahmsweise der Kai nicht als Vertreter des Verfrachters aufzufassen ist. Dagegen beendigt die Hinterlegung nach § 691 nach herrschender Meinung die Haftung nicht.

c. Die Höhe der Haftung ist ähnlich wie beim Land- und Eisenbahnfrachtrecht begrenzt auf den gemeinen Handelswert (resp. gemeinen Wert bei Verlust (§ 611) und auf den Unterschied zwischen dem gemeinen Handelswert (resp. gemeinen Wert) ohne Beschädigung und dem Verkaufswert in beschädigtem Zustande bei Beschädigung (§ 613) im Bestimmungshafen (nicht Abgangsort wie im Eisenbahnfrachtrecht). Wird der Bestimmungsort nicht erreicht, so ist der Wert des Ortes massgeblich, an dem die Reise endigt oder an dem die Güter bei Verlust des Schiffes in Sicherheit gebracht sind.

Von dem gemeinen Wert oder Handelswert sind die ersparten Zölle und Unkosten in Abzug zu bringen, nicht aber die Versicherungssumme.

d. Für Kostbarkeiten, Kunstgegenstände, Geld und Wertpapiere haftet der Verfrachter nur, wenn sie deklariert sind (§ 607), d. h. wenn ihre Beschaffenheit oder ihr Wert dem Schiffer oder dessen Vertreter bei der Abladung angegeben sind. Ist dies nicht geschehen, so besteht keinerlei Ersatzanspruch. Unter Wertpapieren sind hier nicht nur die Wertpapiere im technischen Sinne zu verstehen, sondern wie in § 701 BGB.

auch wertvolle Beweisurkunden z. B. Schildurkunden.

e) Vor der Uebernahme der Güter durch den Empfänger (Löschung am Kai steht in diesem Falle der Uebernahme auch dann nicht gleich, wenn der Kai Beauftragter des Empfängers ist) können sowohl der Schiffer wie der Empfänger die Güter b e s i c h t i g e n lassen durch die zuständige Behörde oder gerichtlich (in Hamburg und Bremen von der Handelskammer) bestellte Sachverständige, um den Zustand oder die Menge der Güter feststellen zu lassen. Die Gegenpartei ist zuzuziehen, es sei denn, dass sie nicht ortsanwesend ist, oder dass die Umstände es verbieten, oder dass sie die Mitwirkung im voraus abgelehnt hat (§ 608). Die Voraussetzungen des prozessualen Beweissicherungsverfahrens brauchen nicht vorzuliegen. Aber das Besichtigungsergebnis hat Beweiskraft. Eine Verpflichtung für eine solche Besichtigung vor der Uebernahme besteht nicht. Ist aber eine solche Besichtigung nicht erfolgt, so muss der Empfänger sie bei Verlust aller Schadensersatzansprüche binnen 2 Tagen nach der Uebernahme nachholen, einerlei, ob die Mängel erkennbar waren oder nicht (§ 609).

Die Besichtigung kann unterbleiben:

1. Bei Totalverlust.

2. Wenn die Beschädigungen auf den ersten Blick einwandfrei festzustellen oder die Parteien sich über dieselbe einig sind.

3. Wenn der Empfänger dolus oder culpa lata des Verfrachters oder der Besatzung nachweisen kann. Eine dem § 430 Abs. 3 HGB. für das Landfrachtrecht entsprechende Bestimmung, dass der Verfrachter bei dolus und culpa lata auf vollen Schadensersatz haftet (nicht nur auf den gemeinen Handelswert) fehlt.

4. In Hamburg: wenn seewärts angebrachte Güter zu Wasser gelöscht werden. Gemäss Art. 19 Nr. 3 EG. HGB. und § 8 des Hambg. Ausführungsgesetzes zum HGB. wird die Besichtigung ersetzt durch Vorbehalt in der Quittung. Dagegen erlöschen alle Schadensersatzansprüche bei vorbehaltloser Quittung.

Die Besichtigungskosten fallen demjenigen zur Last, der sie beantragt hat. Jedoch hat der Verfrachter sie unter allen Umständen zu tragen, wenn Beschädigungen festgestellt werden. § 616.

Die sämtlichen Bestimmungen dieses Abschnitts werden vielfach durch Konnossementsklauseln geändert (vergl. Schaps, Anm. 26 ff. zu § 606).

§ 19 Der Frachtvertrag: Die Frachtzahlung
(§§ 614—627).

a) Das Gesetz verwendet den Ausdruck »Empfänger« in zweierlei Sinn: Einmal ist es derjenige, an welchen die Güter laut Frachtvertrag, laut Cession, laut nachträglicher Anweisung des Befrachters oder Abladers, laut Konnossement abgeliefert werden sollen (Destinatär). An anderen Stellen ist dagegen derjenige gemeint, welcher in eigenem Namen kraft seiner Legitimation selbst oder durch einen Vertreter — für eigene oder fremde Rechnung z. B. ein Spediteur kann Empfänger sein — entgegennimmt (Empfänger im technischen Sinne).

Der Destinatär hat noch keine Pflichten. Er hat aber schon gewisse Rechte. Z. B. er kann den Löschplatz bestimmen, die Ladung besichtigen und annehmen. Erklärt er sich aber ausdrücklich oder stillschweigend zur Annahme bereit, so wird er zum technischen Empfänger. Mit dem Beginn der Entgegennahme der Ladung beginnen auch seine Pflichten.

Diese Pflichten bestehen in der Zahlung der Fracht und Nebenkosten (§§ 614 und 615).

b) Die gegen den Empfänger zu verfolgenden Ansprüche teilen sich in 2 Gruppen:
I. Die auf dem Frachtvertrage selbst beruhenden Forderungen des Verfrachters (§ 614)
1. Die Fracht und Nebengebühren.
2. Das Liegegeld.
3. Die Zölle und sonstigen Auslagen.
4. Die sonstigen Forderungen.
Das im Löschungshafen entstandene Liegegeld sowie die Zölle und sonstigen Auslagen sind ohne

Weiteres zu zahlen, alle übrigen Beträge aber nur nach Massgabe des Frachtvertrages (Chartepartie) oder Konnossements. Enthalten also letztere nichts über die Fracht und das Abladungsliegegeld, so braucht der Empfänger diese auch nicht zu bezahlen. Sämtliche Forderungen sind Zug um Zug gegen Aushändigung der Ladung zu erfüllen. Mehrere Empfänger haften für das Liegegeld ohne Rücksicht auf Verschulden im Zweifel als Gesamtschuldner. Beim Ausgleich aber wird das Verschulden zu berücksichtigen sein.

Der Empfänger hat nur die Beträge zu zahlen, welche bis zur Beendigung des Empfangs erhoben werden. Er haftet persönlich und dinglich. Das Pfandrecht überdauert die Auslieferung noch um 30 Tage, sofern es noch im Besitze des Empfängers ist (§ 623). Es muss bis zum Ablauf der Frist gerichtlich geltend gemacht werden (durch Klage oder Arrest). Werden die Güter vom Schiffer zurückbehalten oder hinterlegt, so bleibt das Pfandrecht bestehen.

Die Zug- um Zug-Leistung wird gewöhnlich dadurch umgangen, dass der Empfänger die Konnossemente durch die Schiffsmakler abstempeln lässt. Letzterer stempelt nur, wenn er Zahlung oder Sicherheitsleistung hat, und gegen Rückgabe der abgestempelten Konnossemente liefert der Schiffer ohne weiteres aus.

II. Die Ladungsgläubigerrechte Dritter, die geltend zu machen der Schiffer verpflichtet ist (§ 615):

1. Die Beiträge zur grossen Haverei.
2. Die Bergungs- und Hilfskosten.
3. Die Bodmereiforderungen.

Wegen dieser Beträge besteht eine Vorleistungspflicht des Empfängers. Der Verfrachter resp. Schiffer hat ein Zurückbehaltungsrecht und eine Zurückbehaltungspflicht.

Liefert der Schiffer die Ladung ab, so erlöschen die Ladungsgläubigerrechte, wenn der Empfänger hinsichtlich ihrer gutgläubig war. Sie verwandeln sich in eine beschränkt persönliche Haftung, wenn er bösgläubig war. Für den eintretenden Schaden haften der Schiffer persönlich und der Verfrachter mit seinem Schiffsvermögen (§§ 485, 486), letzte-

rer aber auch unbeschränkt persönlich, wenn der
Schiffer nach seinen Weisungen gehandelt hat (§ §
486 Abs. 2, 512 Abs. 2, 691, 697, 731, 726, 752).

c. Bei Verlust und Beschädigung der Güter
gilt hinsichtlich der Fracht Folgendes:
1. Bei Beschädigung ist stets die volle Fracht
zu zahlen. Der Empfänger hat auch kein Abandonrecht. Nur wenn Behältnisse, die mit flüssigen Waren gefüllt waren, ausgelaufen sind, können sie dem
Verfrachter für die Fracht und die in § 611 genannten Nebenkosten an Zahlungsstatt überlassen
werden (§ 616).
2. Sind Güter durch Schuld eines Ladungsbeteiligten in Verlust geraten, so ist die volle Fracht zu
zahlen.
3. Sind sie durch Schuld des Verfrachters oder
seiner Leute untergegangen, so entfällt die Frachtzahlung, auch wenn der Verfrachter sich von der
Haftung freigezeichnet hatte. Ist er jedoch schadensersatzpflichtig, so kann er von der Schadenssum-
me die ersparte Fracht abziehen (§ 611).
4. Bei zufälligem Untergang ist keine Fracht
zu zahlen (§ § 617, 633). Beruht der Verlust jedoch auf der natürlichen Beschaffenheit der Güter
(Verderb, Schwinden, Leckage, Tod von Tieren),
so kann der Verfrachter Fracht verlangen (§ 618).
Bei teilweisem Verlust ist natürlich Teilfracht zu
zahlen. Als Verlust wird es nicht angesehen, wenn
der Schiffer nach § 535 im Interesse der Ladungsbeteiligten einen Notverkauf vornimmt. Die im voraus bezahlte Fracht ist bei Verlust zurückzuerstat-
ten.

d. Die Höhe der Fracht richtet sich nach der
Vereinbarung. Ist nichts abgemacht, so ist die am
Abladungsorte zur Abladungszeit übliche Fracht zu
zahlen (§ 619).
Soll die Fracht nach Mass, Zahl, Gewicht berechnet werden, ist das am Löschungsorte abgelie-
ferte, nicht das eingelieferte Gewicht, Mass, Zahl
massgeblich (§ 620).
Die Zeitfracht beginnt mit dem Tage nach der
Anzeige von der Ladebereitschaft und endigt mit
der Vollendung der Löschung (§ 622).

Zu den Nebenkosten der Fracht werden nicht gerechnet die gewöhnlichen Schiffahrtsunkosten (Lotsengelder, Hafenabgaben, Leuchtfeuergeld, Schlepplohn, Quarantänegelder, Auseisungskosten), sofern nicht Abweichendes abgemacht ist. Auch können Kaplaken, Prämien etc. nicht verlangt werden (§ 621). Herrscht Streit über die Höhe der Fracht und sonstigen Forderungen, so kann der Empfänger gegen Hinterlegung der geforderten Summen die Auslieferung der Güter verlangen (§ 624).

c) Zahlt der Empfänger die Fracht und die Nebenforderungen nicht, so hat der Verfrachter ein R ü c k g r i f f s r e c h t gegen den Befrachter. Die Rechtslage ist ähnlich wie beim Wechsel: zahlt der Trassat nicht, so haftet der Trassant. Im Einzelnen sind drei Fälle streng zu unterscheiden:

1. Der Empfänger nimmt die Güter nicht ab, sei es, dass er sich ausdrücklich weigert, sei es, dass er nicht zu ermitteln ist, sei es, dass er sich auf die Anzeige von der Löschbereitschaft nicht erklärt (§ 594), dann haftet der Befrachter voll und ganz auf Grund des Frachtvertrages (das Konnossement hat ihm gegenüber keine Bedeutung). Die Vorschriften der §§ 592-624 kommen ihm gegenüber nicht zur Anwendung (§ 627). Die Zahlungspflicht ist jetzt aber unabhängig von der Annahme der Güter.

2. Ist der Empfänger zwar zur Annahme der Güter, nicht aber zur Zahlung bereit, so m u s s der Schiffer (resp. Verfrachter) von dem Pfandrecht Gebrauch machen und die Güter versteigern lassen. Für den etwaigen Mindererlös haftet der Befrachter (§ 626). Das Rückgriffsrecht wird für diesen Fall oft beseitigt durch die s.g. Cesserklausel (Charteres responsability shall cease, when cargo is loaded).

3. Liefert der Schiffer die Ladung dem Empfänger aus, ohne von dem Pfandrecht Gebrauch zu machen, so haftet der Befrachter nur noch, soweit er ungerechtfertigt bereichert ist (§ 625).

§ 20. Der Frachtvertrag:
Unmöglichkeit und Hindernisse der Reise
(§§ 628—641).

Bei Unmöglichkeit der Reise sind grundsätzlich ähnliche Regeln getroffen wie in §§ 275, 323 ff.

BGB. Immerhin ergeben sich manche Besonderheiten.

a) **Das Ereignis tritt vor Beginn der Reise ein:**

I. Das Schiff geht verloren (es verunglückt, wird als reparaturunfähig oder -unwürdig kondemniert und unverzüglich öffentlich verkauft, es wird geraubt oder für gute Prise erklärt): dann tritt der Frachtvertrag ipso jure ausser Kraft (§ 628).

II. Das Gleiche gilt, wenn speziell bezeichnete oder durch Abladung spezialisierte generell bezeichnete Güter verloren gehen. Bei Untergang generell bezeichneter Güter innerhalb der Wartezeit hat jedoch der Befrachter das Recht, andere Güter zu liefern (§ § 628, 579, 562).

III. Bei voraussichtlich langdauernder Behinderung durch Verfügung von hoher Hand (Embargo, Blockade, Ausfuhrverbot) und bei Aufbringungsgefahr während eines Krieges haben beide Teile ein Rücktrittsrecht. Bei Teil- und Raumcharter sowie Stückgüterfrachtvertrag braucht die Behinderung nicht voraussichtlich dauernd zu sein (§ § 629, 641).

IV. Wird die Reise durch Naturereignisse oder sonstige Zufälle zeitweilig verhindert, so haben beide Teile ein Rücktrittsrecht nur dann, wenn der erkennbare Zweck des Vertrages durch einen solchen Aufenthalt vereitelt wird. Andernfalls hat der Befrachter nur das Recht, für die Zeit des Aufenthalts die Güter ausladen zu lassen (§ 637).

V. Geht nur ein Teil der Güter durch Zufall unter oder wird ein Teil durch Krieg oder Verfügung von hoher Hand an der Ausfuhr gehindert, so hat der Verfrachter kein Rücktrittsrecht. Dagegen hat der Befrachter beim Vollchartervertrage die Wahl, ob er andere Güter liefern oder gegen Zahlung der Fautfracht vom Vertrage zurücktreten will (§ § 536, 541). Tut er keines von beiden, so muss er die volle Fracht zahlen und den »unfrei« gewordenen Teil der Ladung aus dem Schiff herausnehmen. —

In allen Fällen, wo der Vertrag endigt oder Rücktritt erfolgt, muss der Befrachter die schon entstandenen Nebenkosten (z. B. Liegegeld) bezahlen.

b) Das Ereignis tritt **n a c h A n t r i t t d e r R e i s e** ein:

I. Das Schiff geht verloren: Der Frachtvertrag endigt, aber der Befrachter muss Distanzfracht zahlen, d. h. Fracht für den zurückgelegten Teil der Reise. Bei der Berechnung ist nicht das Längenverhältnis der zurückgelegten und unmöglichen Strecken massgeblich, sondern das Verhältnis des Aufwandes (§ § 630, 631).

II. Die Güter gehen verloren: Der Frachtvertrag endigt, sofern der Verlust nicht auf inneren Verderb etc. beruht (§ 618). Distanzfracht ist nicht zu zahlen (§ 633).

III. Schiff und Güter gehen verloren: Der Frachtvertrag endigt, keine Distanzfracht. Sind die Güter teilweise gerettet, so ist Distanzfracht bis zur Höhe des Werts der Güter zu zahlen (§ 630).

IV. Wird die Weiterreise durch Krieg oder Verfügung von hoher Hand gehindert, so haben beide Parteien ein Rücktrittsrecht. Jedoch muss bei Verfügung von hoher Hand in europäischen Häfen 3 Monate, in aussereuropäischen Häfen 5 Monate auf die Weiterfahrt gewartet werden (§ 634). Auch ist stets Distanzfracht zu zahlen.

V. Wird die Reise durch Naturereignisse oder sonstige Zufälle zeitweilig gehindert, so haben beide Teile ein Rücktrittsrecht nur dann, wenn der erkennbare Zweck des Vertrages durch einen solchen Aufenthalt vereitelt wird. Andernfalls hat der Befrachter nur das Recht, für die Zeit des Aufenthaltes auf seine Gefahr und Kosten die Güter ausladen zu lassen (§ 637).

VI. Geht nur ein Teil der Güter unter, oder wird ein Teil durch Krieg oder Verfügung von hoher Hand festgehalten, so ist volle Fracht zu zahlen. Ein Rücktrittsrecht gibt es nicht (§ 636).

VII. Muss das Schiff auf der Reise ausgebessert werden, so hat der Befrachter die Wahl, ob er gegen Zahlung und Sicherstellung der vollen Fracht die Güter zurücknehmen, oder warten will. Letzterenfalls ist keine Zeitfracht zu zahlen (§ 638).

c) In keinem Fall der Auflösung des Frachtvertrages ändert sich etwas an der Verpflichtung des Schiffers, für das Beste der Ladung zu sorgen

(§ 632). Die Kosten des Aufenthalts werden nach den Grundsätzen der grossen Haverei verteilt (§ 635). Ueber die Kosten der Auslaldung s. § 639.

§ 21. Der Frachtvertrag: Das Konnossement

(§§ 612—661).

a) Das Konnossement (bill of lading) ist eine Urkunde, welche der Schiffer (Reeder, Schiffsmakler, Agent) dem Ablader gegen Rückgabe des mates receipt auszustellen pflegt. Der Ablader (nicht der Befrachter) hat einen gesetzlichen Anspruch darauf und zwar auf beliebig viele Exemplare (§ 612). Es ist eine einseitige Verpflichtungserklärung. Soweit es Bestimmungen über Pflichten des Empfängers enthält, sind dies nur Voraussetzungen der Leistungspflicht des Verfrachters, keine Gegenleistungen. Es enthält eine Empfangsbescheinigung und ein Auslieferungsversprechen, und ferner: Namen des Schiffers, Namen und Nationalität des Schiffes, Namen des Abladers und Empfängers, Abladungshafen, Löschungshafen, Bezeichnung, Menge und Merkzeichen der Güter, Bestimmungen betr. der Fracht, Ort und Tag der Ausstellung, Anzahl der Exemplare (§ 643). Im Gegensatz zum Wechsel- und Scheckrecht macht aber das Fehlen dieser einzelnen Angaben das Konnossement nicht nichtig. Nach Beendigung jeder einzelnen Abladung ist das Konnossement zu zeichnen (Abladekonnossement — «shipped»), sofern es nicht schon nach Uebernahme der Güter ausgestellt wird (Uebernahmekonnossement — «received for shipment»). Das Konnossement ist Wertpapier, und zwar Inhaber — Rekta - oder Orderpapier. Ueblich ist letzteres (§ 641).

Das Konnossement ist Traditionspapier. Es verkörpert die Forderung, den Besitz und ein dingliches Recht, im Zweifel Eigentum; Besitz und dingliches Recht aber nur sobald und solange der Reeder als unmittelbarer Besitzer und der Schiffer als Besitzdiener die Güter in Händen haben (§ 647).

Es ist kein abstraktes Papier, denn es setzt die Annahme der Güter voraus.

Nach § 44 R.-Stemp.-Ges. vom 3. Juli 1923 müssen Konnossemente ausgestellt und verstempelt werden, wenn es sich um Schiffe über 250 tons handelt. —

Streitfragen sind: ob der Reeder als solcher oder der Verfrachter die Konnossemente auszustellen hat, und ob ein bestimmtes Schiff im Konnossement genannt sein muss.

Der Ablader ist verpflichtet, auf Verlangen des Schiffers diesem eine von ihm unterschriebene Abschrift des Konnossements auszuhändigen (§ 642).

Es können D u r c h k o n o s s e m e n t e ausgestellt werden. Hierbei muss unterschieden werden, ob der Aussteller als Vertreter der übrigen Verfrachter gehandelt hat, oder nicht. Ersterenfalls haftet jeder Verfrachter für die während seines Transports eingetretenen Ereignisse solidarisch mit dem Aussteller, letzterenfalls nur nach Massgabe seines Vertrages mit dem Aussteller.

b) Der Verfrachter (Schiffer) hat keinen Anspruch gegen den Empfänger auf Abnahme der Güter, wohl aber m. E. gegen den Befrachter, falls der Empfänger nicht abnimmt. Dies folgt aus der Analogie des Werkvertrags (§ 640 BGB.).

Dagegen hat der legitimierte Inhaber des Konnossements das Recht, gegen Aushändigung des quittierten Konnossements und gegen Zahlung der im Konnossement (nicht im Frachtvertrage) aufgeführten Beträge die Auslieferung der Güter zu verlangen (§§ 645, 646, 650).

Im Einzelnen gilt Folgendes:

1. Der Ablader kann über die Ladung nur verfügen, solange er sämtliche Inhaber- oder Orderkonnossemente in Händen hat (§ 659).

2. Dasselbe gilt vom Empfänger während der Reise (§ 659).

3. Ist ein Rektakonnossement ausgestellt, so kann der Schiffer auf übereinstimmende Anweisung des Abladers und Empfängers aushändigen, auch wenn das Konnossement nicht vorgelegt wird (§ 659).

4. Im Löschungshafen hat der Schiffer die Güter dem Empfänger auszuhändigen, auch wenn die

ser nur ein Exemplar des Konnossements vorlegt
(§ 645).

5. Melden sich mehrere legitimierte Konnossementsinhaber, so hat der Schiffer zu hinterlegen (§
646).

6. Ist ein Order- oder Inhaberkonnossement verloren gegangen, so muss es im Wege des Aufgebotsverfahrens für kraftlos erklärt werden (§ 365 Abs.
2). Für Rektakonnossemente gilt § 659 Abs. 4.

7. Im internen Verhältnis zwischen mehreren
legitimierten Konnossementsinhabern geht derjenige
vor, der sein Recht aus der ersten Cession resp.
dem ersten Indossament des letzten gemeinsamen
Vormannes herleitet (§ 648) sofern nicht bereits die
Ladung an einen anderen ausgeliefert ist (§ 648).

c) Ist der Empfänger Käufer oder Einkaufs-
kommittent, so hat der Verkäufer oder Einkaufs-
kommissionär (Befrachter resp. Ablader) oder ihr
Cessionar, obgleich der Empfänger als legitimierter
Konnossementsinhaber bereits Besitzer und Eigentümer der Güter geworden ist, so lange ein Verfol-
gungsrecht im Konkurs des Empfängers (right of
stoppage), als er noch im Besitz eines Konnosse-
mentsexemplares ist und der Empfänger noch nicht
den tatsächlichen Besitz der Ware selbst bei Kon-
kurseröffnung gehabt hat und die Ware noch nicht
oder nicht vollständig bezahlt hat (§ 44 KO.).

d) Bestritten ist die Bedeutung und Rechtsnatur
der Konnossementsteilscheine (Aus-
lieferungsscheine, delivery orders). Man hat g.it. drei
Arten zu unterscheiden.

1. Der Inhaber des Originalkonnossements stellt
den Teilschein ohne Mitwirkung des Schiffers (resp.
Verfrachters) aus. Dann ist es nur eine Bescheini-
gung des Verkaufs und eine Anweisung an den
Schiffer, der der letztere nicht nachzukommen braucht.
Er soll ja nur gegen Rückgabe des Original-Kon-
nossements liefern. Vielleicht lässt sich der Teilschein aber als Legitimationspapier auffassen.

2. Ist der vom Inhaber des Originalkonnossements ausgestellte Teilschein aber vom Schiffer (Reeder etc.) gegen Rückgabe des Originalkonnossements
mit einer Einverständniserklärung versehen, so

steht er einer angenommenen Anweisung gleich. Der Teilscheins-Inhaber hat alle Rechte gemäss dem Originalkonnossement.

3. Hat der Schiffer selbst den Teilschein gegen Rückgabe des Originalkonnossements ausgestellt, so ist der Teilschein allein massgeblich.

c) Das Konnossement ist massgeblich für das Verhältnis zwischen Verfrachter und Ablader und zwischen Verfrachter und Empfänger, nicht aber zwischen Verfrachter und Befrachter (hier entscheidet allein der Frachtvertrag) und zwischen Befrachter und Empfänger. Der Frachtvertrag geht den Empfänger nichts an, es sei denn, dass im Konnossement auf ihn verwiesen wird (§ 651).

Neben der Konnossementshaftung des Verfrachters steht selbständig die ex recepto. Dies hat besonders dann Bedeutung, wenn die Ladung im Konnossement nicht so angegeben ist, wie es der Wirklichkeit entspricht:

1. Es sind mehr Güter abgeladen wie angegeben, dann kann der Ueberschuss nur ex recepto verlangt werden.

2. Es sind weniger Güter abgeladen wie angegeben, dann haftet der Verfrachter ex scriptura auf Schadensersatz. Auch für die Richtigkeit der Bezeichnung im Konnossement ist der Verfrachter verantwortlich (§ 652).

Streitig ist, ob bei der Schadensersatzklage aus dem Konnossement nur der gemeine Handelswert (§ § 611, 613) zu ersetzen ist, oder der volle Schade. Ich bin im Gegensatz zur herrschenden Meinung ersterer Ansicht (s. oben!)

f) Die § § 652-658 enthalten einige Sonderbestimmungen über die Konnossementshaftung:

1. Der Verfrachter ist für die Richtigkeit der im Konnossement enthaltenen Bezeichnung der Güter verantwortlich (§ 652), und zwar auch dann, wenn die Güter in Verpackung oder geschlossenen Gefässen übergeben sind, es sei denn, dass die Unrichtigkeit der im Konnossement enthaltenen Bezeichnung nicht wahrgenommen werden konnte (§ 653).

2. Hat er aber im letzteren Falle die Klausel »Inhalt unbekannt« ins Konnossement aufnehmen

lassen, so ist er nur verantwortlich, wenn ihm nach
gewiesen wird, dass er einen anderen als den abgelieferten Inhalt empfangen hat (§ 554).

3. Die Klausel »Zahl, Mass, Gewicht unbekannt« befreit ihn von der Haftung für die Richtigkeit der Konnossementsangaben, wenn dem Schiffer
die nach Zahl, Mass, Gewicht bezeichneten Güter
nicht zugezählt, zugemessen oder zugewogen sind
(§ 565).

4. Die Klausel »Zahl, Mass, Gewicht unbekannt« bedeutet nicht, dass die Fracht nach Zahl,
Mass, Gewicht zu berechnen ist (§ 656).

5. Die Klauseln »frei von Bruch, Beschädigung,
Leckage« befreien den Verfrachter für derartige Beschädigungen (nicht Verlust), sofern ihm nicht eigenes Verschulden oder Verschulden seiner Leute
nachgewiesen wird (also Umkehrung der Beweislast) (§ 657).

6. Sichtbare Beschädigungen muss der Schiffer
im Konnossement angeben, widrigenfalls er für dieselben verantwortlich ist (§ 658).

§22. Der Unterfrachtvertrag
(§ 662).

Beim Frachtvertrag braucht der Verfrachter
nicht Reeder oder Ausrüster (§ 510) zu sein, vielmehr kann er seinerseits Befrachter, namentlich
Charterer, sein. Dann spricht man von Unterfrachtvertrag. Seinem Verfrachter gegenüber ist der Befrachter im Zweifel, d. h. so weit
nichts anderes vereinbart ist, zum Abschluss von
Unterfrachtverträgen berechtigt.

Auf den Unterfrachtvertrag findet § 662 Anwendung. Jedoch macht sich neuerdings die Nei-
gung bemerkbar, den Unterverfrachter, wenn er
time-charterer ist, als Ausrüster nach § 510 zu behandeln.

Für die Ausführung des Unterfrachtvertrages
haftet der Unterverfrachter dem Unterbefrachter zunächst persönlich. Die Literatur will ihm nur beschränkt bis zur Höhe des Schiffsvermögens seines
Hauptverfrachters haften lassen. Das halte ich für
falsch. Es fehlt an jeder gesetzlichen Bestimmung.
Wenn der Verfrachter nach § 486 nur mit dem

Schiffsvermögen haftet, so hat der Gläubiger zum Ausgleich ein dingliches Recht. Das würde hier fehlen.

Die Haftung ändert sich, sobald der Schiffer das Unterfrachtgut übernommen hat. Dann gehört die Erfüllung des Unterfrachtvertrages zu seinen gesetzlichen Obliegenheiten. Der Reeder (Hauptverfrachter) haftet nunmehr ex recepto und sobald Konnossemente gezeichnet sind, ex scriptura dem Ablader resp. Empfänger des Unterfrachtvertrages mit dem Schiffsvermögen. Die Haftung des Unterverfrachters gegenüber seinem Befrachter, Ablader, Empfänger hört auf. Er hat ja auch keinen Einfluss mehr auf die Ausführung des Vertrages.

Im Einzelnen ist Folgendes zu beachten:

1. Weichen die Konnossemente vom Chartervertrage ab, so braucht der Schiffer sie nicht zu zeichnen.

Hat er sie aber gezeichnet, so sind gegenüber dem Empfänger nur die Konnossemente massgeblich. Jedoch bleibt dem Hauptverfrachter unbenommen, seine etwa weitergehenden Rechte aus dem Chartervertrage geltend zu machen. Ist die Konnossementsfracht höher als die Charterfracht, so hat der Schiffer sie doch voll einzuziehen und den Ueberschuss dem Unterverfrachter heraus zu geben. Hierfür haftet der Hauptverfrachter mit dem Schiffsvermögen.

3. Entsprechen die Konnossemente ihrem Inhalt nach dem Chartervertrage, aber nicht dem Unterfrachtvertrage, so haftet der Unterverfrachter persönlich seinen Ladungsbeteiligten für die Unterschiede.

4. Hat der Time-charterer die Konnossemente selbst ausgestellt und zwar zu günstigeren Bedingungen, als er vom Hauptverfrachter erhalten hat, z. B. »frachtfrei«, während die Charterfracht noch nicht bezahlt ist, dann braucht der Schiffer nur gegen Berichtigung der Charterbedingungen auszuliefern. Enthält aber die Charterpartie die »Cesserklausel«, so ist das Konnossement massgebend.

§23. Der Schleppvertrag

Der S c h l e p p v e r t r a g ist kein selbständiger Vertragstyp. Er ist deshalb auch im Gesetz nicht geregelt. Man muss im Einzelfall untersuchen, welche Art Vertrag vorliegt. Unter Umständen fehlt es überhaupt an einem Vertrage z. B. bei Berge- und Hilfsleistung.

Der Schleppvertrag charakterisiert sich:

1. Als F r a c h t v e r t r a g, wenn der Schlepper den Gewahrsam des geschleppten Schiffs hat. Dies ist dann der Fall, wenn letzteres ein Wrack ist und überhaupt keine Besatzung an Bord haben kann oder wenigstens keine eigene Besatzung hat und der Schlepper ihm von seinen Leuten abgibt. Sache des Schleppers ist es, für Befestigung und ordentliche Länge der Schlepptrosse zu sorgen und bei mehreren Schleppschiffen für richtige Formierung des Schleppzuges.

2. Als W e r k v e r t r a g, wenn die Erreichung eines bestimmten Zieles vereinbart ist. Die nautische Leitung wird dann beim Schlepper liegen.

3. Als D i e n s t v e r t r a g, wenn der Schlepper für den Erfolg nicht einzustehen hat, namentlich, wenn die nautische Leitung beim geschleppten Schiff liegt, was bei grösseren Seeschiffen gewöhnlich der Fall sein wird.

4. Als M i e t v e r t r a g, wenn der Schlepper mit Besatzung für verschiedene Fahrten und auf Zeit zur Verfügung gestellt ist.

Das interne Verhältnis zwischen Schlepper und geschlepptem Schiff richtet sich nach dem jeweils vorliegenden Charakter des Vertrages. Hat das geschleppte Schiff irgend einen Schaden durch den Schlepper erlitten, so wird es beweispflichtig für das Verschulden des Schleppers sein, wenn es selbst die nautische Leitung hatte. Andernfalls wird sich der Schlepper exkulpieren müssen. Jedoch wird es ganz auf den Einzelfall ankommen, insbesondere darauf, ob prima facie auf der einen oder anderen Seite eine Ordnungswidrigkeit vorliegt. —

Für die Haftung nach aussen spielt die Frage der nautischen Einheit des Schleppzuges eine Rolle. Selbstverständlich haftet das jeweilig schuldige Schiff gegenüber dem Dritten (z. B. bei Kollision). Hatte aber das geschleppte Schiff die Leitung, so haftet dieses nach dem Grundsatz der nautischen Einheit auch für das Verschulden des Schleppers. Umgekehrt, d. h. wenn der Schlepper die Leitung hatte, haftet dieser nicht für das Verschulden des geschleppten Schiffes. Klagt das geschleppte Schiff, welches die nautische Leitung hatte, gegen einen Dritten auf Schadensersatz, so kann dieses die Einrede des Mitverschuldens des Schleppers nach § 254 BGB. entgegensetzen.

§ 24. Der Passagiervertrag
(§ § 664—678).

a) Der Passagiervertrag (Ueberfahrtsvertrag) bezweckt die Beförderung eines Reisenden nebst Reisegut zur See nach einem bestimmten Ort. Es ist ein Werkvertrag, gewöhnlich verbunden mit Sachmiete hinsichtlich der Kajüte. Der Verfrachter braucht auch hier nicht identisch zu sein mit dem Reeder. Unterfrachtvertrag ist zulässig. — Ergänzend kommen die Bestimmungen des Werkvertrags zur Anwendung.

Der Reisende braucht den Passagiervertrag nicht selbst abgeschlossen zu haben. Insbesondere ist auch Abtretung der Rechte aus dem Vertrage (der Fahrkarte) zulässig bis zum Antritt der Reise, sofern nicht die Fahrkarte auf den Namen ausgestellt ist (§ 664). Der Reisende ist Reiseinteressent im Sinne des § 512.

Für Streitigkeiten zwischen Reisenden und Schiffern ist das Amtsgericht ohne Rücksicht auf den Wert des Streitgegenstandes zuständig (§ 23 GVG.). Ein Kontrahierungszwang besteht an sich nicht. Nur ist jeder Reeder verpflichtet, im Ausland befindliche Seeleute heimzuschaffen (Reichsgesetz vom 2. Juni 1902). Für Körperverletzungen haftet der Verfrachter nur bei eigenem Verschulden persönlich und bei Verschulden der Besatzung mit dem Schiffsvermögen. Dies gilt auch, wenn die Verletzung auf mangelnder Seetüchtigkeit beruht. Denn eine dem § 559 entsprechende Bestimmung fehlt.

b) Der Reisende hat folgende Pflichten:
1. Er muss die Schiffsordnung befolgen (§ 665).
2. In Notfällen hat er auf Verlangen des Schiffers jede erforderliche Arbeit zu leisten.
3. Er hat sich rechtzeitig an Bord zu begeben. Um die Abfahrtszeit muss er sich selbst kümmern

Erscheint er nicht rechtzeitig, so darf der Schiffer ohne ihn abfahren und kann das volle Ueberfahrtsgeld verlangen (§ 666).

1. Er hat das Ueberfahrtsgeld zu bezahlen. Für Reisegepäck ist eine besondere Vergütung nur zu zahlen, wenn dies vereinbart ist. Jedoch ist letzteres üblich (§ 672). Das Ueberfahrtsgeld wird der Fracht gleich behandelt (§ 677).

c. Hinsichtlich Unmöglichkeit der Reise und Hindernisse sind ähnliche Bestimmungen getroffen wie beim Frachtvertrag:

I. Vor Antritt der Reise:

1. Das Schiff geht verloren. Der Frachtvertrag endigt. Keine Entschädigung, keine Fracht (§ 668).

2. Der Reisende stirbt, wird durch Krankheit oder sonstigen in seiner Person liegenden Zufall verhindert oder erklärt seinen Rücktritt. Dann muss er die Hälfte des Ueberfahrtgeldes bezahlen (§ 671).

3. Bei Krieg oder Verfügung von hoher Hand kann der Reisende ohne weiteres zurücktreten, der Verfrachter nur, wenn er die Reise aufgibt. Keine Entschädigung, keine Fracht (§ 669).

II. Nach Antritt der Reise:

1. Im Falle 2 ist volle Fracht zu zahlen (§ 671).

2. In den Fällen 1 und 3 ist Distanzfracht zu zahlen (§ 670).

3. Wird das Schiff ausgebessert, so hat der Reisende das Recht, zu warten oder zurückzutreten. In beiden Fällen muss er volles Ueberfahrtsgeld zahlen. Wartet er, so muss der Verfrachter ihm während der Wartezeit freie Wohnung und Beköstigung gewähren, es sei denn, dass er ihm anderweitige Beförderung anbietet und der Reisende diese zurückweist (§ 671).

d. Hinsichtlich des Reisegutes (einschliesslich Handgepäck) gelten im wesentlichen die Regeln über Frachtgut mit folgenden Besonderheiten:

1. Ist das Reisegut vom Schiff übernommen, so haftet der Verfrachter nach §§ 606-610, aber auf vollen Schadensersatz, nicht nur auf den gemeinen Handelswert (§ 673), denn §§ 611-613 sind nicht citiert.

2. Ist es nicht übernommen, so haftet der Verfrachter nur nach § § 276, 278 BGB. 485, 486 HGB.

3. Der Verfrachter hat am Reisegut ein Pfandrecht wegen der Ueberfahrtsgelder, aber nur solange es zurückgehalten oder hinterlegt ist, nicht noch 30 Tage nach der Ablieferung (§ 674).

4. Stirbt der Reisende, so hat der Schiffer für das Reisegut im Interesse der Erben zu sorgen (§ 675).

e) Beim Unterpassagiervertrage fehlt eine dem § 662 entsprechende Bestimmung. Deshalb bleibt der Unterverfrachter dem Reisenden für die Ausführung der Ueberfahrt sowie für das Reisegut verantwortlich und zwar haftet er m. E. unbeschränkt persönlich. Soweit aber das Reisegut vom Schiffer übernommen ist, haftet neben dem Unterverfrachter der Schiffer nach § § 511, 512 und der Hauptverfrachter nach § § 533, 486 (§ 676).

Der Charterer ist im Zweifel gegenüber seinem Verfrachter, wenn er das Schiff zum Gütertransport gechartert hat, nicht berechtigt, Personen zu befördern.

f) Für das Auswanderungswesen ist § 678, der auf die Landesgesetze verweist, gemäss Art. 6 Nr. 3 der Reichsverfassung und Reichsgesetz betreffs des Auswanderungswesen vom 9. 6. 1897 bedeutungslos geworden. Das Auswanderungsgesetz bestimmt unter anderem Folgendes:

1. Nur Reeder selbst werden als Auswanderungsunternehmer zugelassen.

2. Die Passageverträge müssen schriftlich sein.

3. Der Unternehmer haftet für Seetüchtigkeit nicht nur mit dem Schiffsvermögen sondern unbeschränkt persönlich. —

§ 25. Die Bodmerei
(§ § 763—699).

a) Die Bodmerei ist praktisch so gut wie bedeutungslos.

Sie hat folgende Voraussetzungen (§ 679):

1. Sie ist ein Darlehen. Da sie im HGB. erschöpfend geregelt ist, kommen die Vorschriften des BGB. § § 607 ff. nicht weiter in Betracht.

2. Nur der Schiffer kann eine Bodmerei eingehen.

3. Und zwar nur auf Grund seiner gesetzlichen Vertretungsmacht.

4. Verpfändet werden Schiff und, oder Fracht und, oder Ladung.

5. Der Gläubiger kann sich nur an die verpfändeten Gegenstände halten.

6. Und zwar erst nach Beendigung der Bodmereireise.

7. Der Vertrag muss schriftlich sein, d. h. es muss ein Bodmereibrief ausgestellt sein (§ 682).

8. Es muss eine Prämie zugesichert werden. Diese umfasst im Zweifel die Zinsen (§ 681).

Fehlt eins dieser acht Erfordernisse, so ist der Vertrag zwar nicht nichtig, aber er ist keine Bodmerei sondern ein gewöhnliches Kreditgeschäft. —

Der Schiffer darf ein Bodmereigeschäft nur eingehen ausserhalb des Heimathafens und nur zum Zwecke der Ausführung der Reise oder zwecks Erhaltung und Weiterbeförderung der Ladung. In letzterem Fall darf er die Ladung allein verbodmen, in ersterem Falle nur zusammen mit Schiff und Fracht (§ 680). Betreffs der Einzelheiten siehe § § 5 e u. f. Wird das Schiff ohne Erwähnung der Fracht verbodmet, so gilt die Fracht nicht als einbegriffen, wohl aber wenn Schiff und Ladung verbodmet werden.

Der Gläubiger, und zwar auch der gutgläubige Erwerber des Bodmereibriefs, müssen nachweisen, dass die Voraussetzungen der Bodmerei vorgelegen haben (§ 686 Abs. 3). Ist jedoch die Notwendigkeit der Verbodmung durch den deutschen Konsul, durch die sonst zuständige Behörde ev. durch die Schiffsoffiziere urkundlich bezeugt, so dreht sich die Beweislast um (§ 685). —

b) Der Bodmereibrief hat keine unbedingt wesentlichen Erfordernisse. Aber der Gläubiger kann verlangen, dass Folgendes in ihm aufgenommen wird (§ 683): Sein Name, der Kapitalbetrag, die Höhe der Prämie, die Bezeichnung der verbodmeten Gegenstände, des Schiffs, des Schiffers, die Bodmereireise, Zahlungszeit, Zahlungsort, den Charakter als Bodmereischuld, die Gründe der Bodmerei, Tag und Ort der Ausstellung und die Unterschrift des Schiffers (letztere auf Wunsch in beglaubigter Form).

Der Brief kann Inhaber-, Namens- und Orderpapier sein. Der Gläubiger kann die Orderklausel verlangen (§ 684). Er kann auch mehrere Exemplare fordern (§ 686). Der Bodmereibrief ist ein Wertpapier.

c) Hinsichtlich der F ä l l i g k e i t der Bodmereischuld sind 4 Fälle zu unterscheiden:

1. Das Schiff erreicht den Bestimmungshafen, dann ist die Schuld am 8. Tage nach dem Eintreffen, also nach dem Ende der »Bodmereireise«, zu zahlen (§ 687).

2. Endigt die Bodmereireise in einem anderen Hafen, so wird die Forderung am 8. Tage nach dem Eintreffen in diesem Hafen fällig. Ein Abzug von der Prämie ist unzulässig (§ 698 Abs. 2).

3. Die Bodmereireise wird garnicht angetreten, dann ist die Schuld unter angemessener Herabsetzung der Prämie sofort zurückzuzahlen und zwar am Vertragsorte (§ 698 Abs. 1).

4. Die verbodmeten Gegenstände gehen auf der Bodmereireise unter, dann erhält der Gläubiger garnichts, weil ja nur dingliche Haftung bestand. Der Gläubiger trägt also die Gefahr. Aber weder die grosse noch die besondere Haverei gehen zu seinen Lasten (§ 690). Vom Zahlungstage an ist die Bodmereischuld, einschliesslich der Prämie, zu verzinsen (§ 687). Da die Prämie wirtschaftlich auch nur eine Art Zins ist, so besteht hier also gesetzlich die Erlaubnis, Zinseszins zu nehmen (s. §§ 248 BGB., 355 HGB.).

Die Bodmereischuld ist Holschuld. Wird sie nicht bezahlt, so kann der Gläubiger im Wege des Arrestes (§ 691) oder der Zwangsvollstreckung auf Grund eines Vollstreckungstitels gegen die verhafteten Gegenstände vorgehen (§ 696).

Es besteht ein Gesamtpfand (§ 691).

Die Klage ist zu richten hinsichtlich aller Gegenstände gegen den Schiffer (§ 696), und zwar hinsichtlich Schiff und Fracht, auch wenn er sich im Heimatshafen befindet, hinsichtlich der Ladung so lange er sich in deren Besitz befindet, und gegen

den Reeder hinsichtlich Schiff und Fracht (§ 696).
Hinsichtlich der Ladung kann die Klage auch gerichtet werden gegen den Empfänger, der neben der
dinglichen Haftung bei Bösgläubigkeit auch beschränkt persönlich haftet (§ 697) und gegen den
bösgläubigen Dritterwerber (§ 696 Abs. 3). —

Die Zahlung braucht nur gegen Rückgabe des
quittierten Bodmereibriefs zu erfolgen (§ 688 Abs.
2). Sind mehrere Exemplare ausgestellt, so ist dem
legitimierten Inhaber auch nur eines Exemplars zu
leisten. Melden sich mehrere legitimierte Inhaber,
so ist die Schuldsumme zu hinterlegen. Die Brief-
inhaber müssen dann ihre Rechte untereinander aus-
klagen (§ 689).

d. Der **S c h i f f e r** hat elege **V e r p f l i c h -
t u n g e n** gegenüber dem Bodmereigläubiger:

1. Er muss für Bewahrung und Erhaltung der
verbodmeten Gegenstände sorgen.

2. Er darf ohne dringende Gründe die Gefahr
nicht erhöhen (§ 692).

3. Er darf nicht willkürlich die Bodmereireise
ändern (§ 693).

4. Er darf die verbodmete Ladung nicht vor Befriedigung oder Sicherstellung des Gläubigers aushändigen (§ 694).

Handelt er diesen Bestimmungen zuwider, so
ist er schadensersatzpflichtig, hat er nach Weisungen des Reeders gehandelt, so haften beide als Gesamtschuldner (§§ 695, 512).

D. Ausservertragliche Haftung im Seerecht

§ 26. Die grosse Haverei

(§§ 700—733).

a) H a v e r e i   i m   A l l g e m e i n e n   bedeutet jeden Seeunfall, z. B. auch Kollision.

K l e i n e   H a v e r e i sind die gewöhnlichen und ungewöhnlichen Schiffahrtsunkosten, wie Lotsen-, Quarantänegelder etc., welche in Ermangelung besonderer Abrede vom Verfrachter zu tragen sind (§ 621).

G r o s s e   H a v e r e i sind alle Schäden, welche vom Schiffer vorsätzlich dem Schiff und/oder der Ladung zwecks Errettung aus gemeinsamer Gefahr zugefügt sind (§ 700).

B e s o n d e r e   H a v e r e i oder partikuläre Haverei nennt man alle Schäden und Kosten, welche durch einen Unfall verursacht sind und weder grosse noch kleine Haverei sind (§ 701). Insbesondere gehören hierher (§ 707):

1. Verluste und Kosten zwecks Geldbeschaffung infolge besonderer Haverei.

2. Reklamekosten.

3. Durch Prangen verursachte Beschädigung von Schiff, Zubehör und Ladung. Prangen ist übermässiges Setzen von Segeln.

Die besondere Haverei ist von dem Eigentümer des betroffenen Gegenstandes zu tragen (§ 701 Abs. 2).

U n e i g e n t l i c h e   g r o s s e   H a v e r e i liegt vor:

1. Hinsichtlich der Aufenthaltskosten, die nach der Beladung vor oder nach Antritt der Reise durch Krieg oder Verfügung von hoher Hand entstanden sind (§§ 635, 629).

2. Wenn der Schiffer zur Fortsetzung der Reise die Ladung verbodmet oder über einen Teil der La-

dung durch Verkauf oder Verwendung verfügt und der Verlust durch Schiff und Fracht nicht gedeckt wird (§ 732).

In beiden Fällen finden die Regeln der grossen Haverei Anwendung.

b. Die Voraussetzungen der grossen Haverei sind im Einzelnen (§ 700):

1. Es muss eine gegenwärtige, nicht zukünftige Gefahr vorliegen. Ob eine solche vorhanden war, ist nicht nur nach objektiven Gesichtspunkten zu beurteilen. Es kommt vielmehr darauf an, ob der Schiffer bei verständiger Ueberlegung eine Gefahr annehmen konnte. Gleichgültig ist, ob sie durch Zufall, durch Verschulden eines Beteiligten oder eines Dritten verursacht ist (§ 702).

2. Es muss eine gemeinsame Gefahr für Schiff und Ladung vorliegen. Diese kann vorhanden sein in der Zeit zwischen dem Anbordbringen und der Löschung der Güter. Gefahr für Menschenleben kommt nicht in Betracht. Bei unbeladenen Schiffen gibt es keine grosse Haverei.

3. Es muss irgend ein vorsätzliches Opfer gebracht sein. Hierhin gehören die Schäden, welche dem Schiff und/oder der Ladung resp. Ladungsteilen zugefügt werden, einschliesslich der sekundären Schäden, d. h. solcher, welche nach dem natürlichen Verlauf der Dinge durch die getroffenen Massnahmen eintreten, und endlich die aufgewendeten Kosten. Die Opfer müssen gebracht werden zum Zweck der Errettung von Schiff und Ladung.

4. Die Schäden müssen vom Schiffer (ev. dessen Vertreter: Steuermann oder Lotse) oder wenigstens auf dessen Geheiss zugefügt sein.

5. Schiff und Ladung müssen wirklich gerettet sein. Ein Kausalzusammenhang zwischen Opfer und Rettung braucht nicht zu bestehen. Keine grosse Haverei liegt aber vor, wenn die ganze Ladung für das Schiff und das ganze Schiff für die Ladung aufgeopfert werden (§ 703).

Abgesehen von der in §§ 700, 702 und 703 gegebenen Begriffsbestimmung zählt das Gesetz in § 706 die wichtigsten und häufigsten Fälle der grossen Haverei auf und gibt in diesem Katalog zugleich Abgrenzungen. Es sind dies: Seewurf, Leichterung,

Strandung, Einlaufen in einen Nothafen, Beschädigungen bei Verteidigung des Schiffs, Loskauf, Kosten der Beschaffung von Havereigeldern und Auseinandersetzungskosten.

c) Vergütung kann nur verlangt werden für alle vorsätzlich zugefügten Schäden (einschliesslich sekundärer Schäden und Kosten, s. oben), nicht aber für solche Schäden, welche durch die Havereimassnahmen nicht abgewendet werden konnten. Ausnahmsweise sind nicht vergütungsberechtigt:

1. Die Güter der Personen, welche den Havereifall verschuldet haben (§ 702). Diese Personen sind sogar — ebenso wie schuldige Dritte — den Havereibeteiligten schadensersatzpflichtig.

2. Deckladungen, sofern nicht landesgesetzlich in der Küstenschiffahrt Deckladungen für zulässig erklärt sind (§ 708).

3. Güter, über die weder ein Konnossement ausgestellt ist noch Manifest oder Ladebuch Auskunft geben (§ 708).

4. Nicht deklarierte Kostbarkeiten etc. (§ 708).

5. Güter, welche bei der grossen Haverei beschädigt sind und nachträglich durch besondere Haverei abermals beschädigt werden oder gar untergehen, wenn der spätere Unfall in keinem Zusammenhange mit der grossen Haverei steht und den früheren Schaden doch nach sich gezogen haben würde (§ 705). Dies gilt nicht für Güter, welche bei der grossen Haverei vollständig aufgeopfert sind.

Hinsichtlich der Höhe der Vergütung sind in den §§ 709—715 genaue Bestimmungen gegeben:

1. Für den Schaden am Schiff und Zubehör ist die Taxe massgeblich, welche am Orte des Reisenden oder der Ausbesserung erfolgt. Sind die Ausbesserungskosten geringer als die Taxe, so sind erstere zu vergüten. War das Schiff noch nicht ein Jahr zu Wasser, so sind die vollen Ausbesserungskosten zu ersetzen, sonst ist wegen des Unterschieds von neu und alt ein Drittel, hinsichtlich der Ankerhaken ein Sechstel, von den Ankern selbst jedoch garnichts abzuziehen (§§ 709, 710).

2. Für völlig aufgeopferte Güter ist der Marktpreis resp. der durch Sachverständige zu ermitteln-

de Wert am Bestimmungsorte oder an dem Orte, wo die Reise endigt resp. wohin die Ladung in Sicherheit gebracht ist, zu vergüten unter Abzug der Ersparnisse an Fracht, Zöllen und sonstigen Unkosten. Bei beschädigten Gütern ist der Unterschied zwischen dem für verlorene Güter errechneten Wert und dem durch Sachverständige zu ermittelnden Verkaufswert zu ersetzen (§ § 711, 712, 714).

In beiden Fällen sind die vor, bei oder nach dem Havereifall entstandenen zur grossen Haverei nicht gehörigen Wertsverminderungen und Verluste in Abzug zu bringen (§ 713).

3. Als entgangene Fracht wird der Betrag vergütet, welcher für die geopferten Güter zu entrichten gewesen wäre, wenn sie am Bestimmungsort oder am Orte des Reiseendes angekommen wären (§ 715).

4. Nach obigen Grundsätzen sind vergütungsberechtigt auch (§ 723):

Die Kriegs- und Mundvorräte des Schiffes.
Die Heuer und Habe der Schiffsbesatzung.
Das Reisegut der Reisenden.

d. Alle H a v e r e i s c h ä d e n sind auf Schiff, Fracht und Ladung nach Verhältnis ihres Wertes zu verteilen, also ratierliche Haftung!) Beitragspflichtig sind nicht nur die geretteten Güter sondern auch die geopferten Güter, soweit sie vergütungsberechtigt sind. Sind die geopferten Güter später geborgen, so sind sie nur beitragspflichtig, wenn der Eigentümer eine Vergütung verlangt (§ § 716 bis 720).

B e i t r a g s p f l i c h t i g, obwohl nicht vergütungsberechtigt sind:

1. Die Güter der schuldigen Personen (§ 702).
2. Die Decksladung.
3. Die nicht angegebenen Güter.
4. Die nicht deklarierten Kostbarkeiten etc., letztere drei aber nur, soweit sie tatsächlich gerettet sind (§ § 708, 723).

Dagegen sind n i c h t b e i t r a g s p f l i c h t i g:

1. Gegenstände, die nachträglich durch besondere Haverei vollständig verloren gegangen sind (§ 704).

2. Bodmereigelder (§ 723).

3. Die Kriegs- und Mundvorräte des Schiffs (§ 723).

4. Die Heuer und Habe der Schiffsbesatzung (§ 723).

5. Das Reisegut der Reisenden (§ 723).

Ueber die Höhe der Beitragspflicht sind in den §§ 717-722 im Einzelnen Bestimmungen getroffen. Beachtenswert ist, dass die Fracht nur zu ⅔ beiträgt (§ 724). Eine persönliche Verpflichtung zur Beitragszahlung besteht nicht (§ 726), sondern nur eine dingliche (§ 725). Das Pfandrecht kann gegen jeden gutgläubigen Erwerber des Schiffs, nicht aber gegen den gutgläubigen Erwerber der Ladung verfolgt werden. Der Empfänger beitragspflichtiger Güter haftet, wenn er beim Empfang bösgläubig war, beschränkt persönlich (§ 726).

Die einzelnen Vergütungsberechtigten können unmittelbar gegen jeden einzelnen Beitragspflichtigen vorgehen.

Der Schiffer haftet persönlich, wenn er beitragspflichtige Güter vor Zahlung oder Sicherstellung der Beiträge dem Empfänger ausliefert (§§ 731, 615). Macht der Verfrachter resp. Schiffer das Pfandrecht der Havereibeteiligten geltend, wozu er berechtigt und verpflichtet ist (§ 731), so bedarf er keines Vollstreckungstitels, wohl aber wenn die Vergütungsberechtigten selbst vorgehen (s. Schaps Anm. 8 zu § 731).

Das Schiff darf den Hafen, in welchem die Dispache aufzumachen ist, nicht eher verlassen, als bis es Sicherheit für die vom Schiff zu leistenden Beiträge bestellt hat (§ 730).

e) Der Schiffer ist verpflichtet, die Dispache zu beantragen. Tut er dies nicht, so macht er sich schadensersatzpflichtig. Bei Verzögerung kann jeder Beteiligte die Dispache beantragen (§ 728). Die Dispache ist am Bestimmungsorte resp. im Hafen, wo die Reise endet, aufzumachen (§ 727).

Die Dispache ist ein Verteilungsplan des Havereischadens. Sie enthält:

1. Den Tatbestand der grossen Haverei gemäss Verklarung.

2. Die Aufstellung der Passivmasse.

3. Die Aufstellung der Aktivmasse.

4. Den Havereiprozentsatz und die einzelnen Vergütungen und Beträge.

Die Dispache wird aufgemacht durch beeidete Dispacheure, die von den landesgesetzlich bestimmten Behörden (in Hamburg: Deputation für Handel, Schiffahrt und Gewerbe) ernannt werden, eventuell im Einzelfall durch das Amtsgericht (§ 729). Das Verfahren ist geregelt in § § 145-158 Fr.GG. Jeder Beteiligte ist verpflichtet, dem Dispacheur die erforderlichen Urkunden vorzulegen (§ 729).

Die Kosten der Dispache gelten als Havereikosten und werden mitverteilt.

6. Das Recht der grossen Haverei ist vielfach durch Konnossementsbestimmungen abgeändert, namentlich durch Aufnahme der Y o r k - A n t w e r p R u l e s von 1890 (abgedruckt bei Schaps, 2. Auf. S. 671).

§ 27. Der Schiffszusammenstoss

(§ § 734—739).

a. Die Vorschriften über Schiffszusammenstoss sind geändert durch Novelle vom 7. Januar 1913, durch welche das deutsche Recht dem Internationalen Uebereinkommen zur einheitlichen Feststellung von Regeln über den Zusammenstoss von Schiffen vom 23. September 1910 (Brüsseler Uebereinkommen) angepasst ist. Letzteres ist in Art. 282 Nr. 12 des Versailler Vertrages aufrecht erhalten. — Die § § 734-739 kommen nur zur Anwendung, wenn zwei oder mehrere Seeschiffe miteinander oder mit einem Binnenschiff zur See oder auf Binnengewässern zusammenstossen, und wenn sie zueinander nicht im Vertragsverhältnis stehen.

Rennt dagegen ein Schiff Uferbauten oder Duc d'Alben an, so gelten § § 823 ff. BGB. in Verbindung mit § § 485-486 HGB. Kollidieren Schlepper und Schleppschiff miteinander, so regeln sich die Ansprüche nach Vertragsrecht.

Ob beide Schiffe sich in Bewegung befinden oder eins stillag, ist gleichgültig. Körperliche Berührung ist nicht mehr notwendig (§ 738). Stossen

Schiffe desselben Reeders zusammen, so entstehen keine Schadensersatzverpflichtungen, obwohl ein derartiges Interesse namentlich dann denkbar wäre, wenn die Schiffe bei verschiedenen Versicherern versichert sind.

b) Eine S c h a d e n s e r s a t z p f l i c h t besteht beim Zusammenstoss unter folgenden Voraussetzungen (§ 735):

1. Es muss ein r e c h t s w i d r i g e s Handeln vorliegen. Dies ist im Gesetz nicht besonders gesagt, versteht sich aber von selbst.

2. Es muss ein V e r s c h u l d e n (Vorsatz oder Fahrlässigkeit) vorliegen. Ist der Zusammenstoss durch Zufall oder höhere Gewalt herbeigeführt oder besteht nach etwaiger Beweisaufnahme noch Ungewissheit über die Ursachen, so ist ein Ersatzanspruch nicht gegeben (§ 734).

3. Eine P e r s o n d e r B e s a t z u n g des einen Schiffs muss den Zusammenstoss verursacht haben. Keiner Feststellung bedarf es, welche Person es gewesen ist.

4. Dagegen muss nach herrschender Ansicht aufgeklärt werden, w e l c h e s S c h i f f des beklagten Reeders den Zusammenstoss herbeigeführt hat.

5. Das Verschulden kann in einer H a n d l u n g oder U n t e r l a s s u n g liegen, aber der Schuldige muss in Ausführung seiner Dienstobliegenheiten gehandelt haben.

6. Das Verschulden kann in einem Verstoss gegen ein Schutzgesetz bestehen. Als letzteres gilt die Seestrassenordnung; ob auch die Hamburger Hafenordnung ist streitig.

7. Zwischen Verschulden und Schaden muss K a u s a l z u s a m m e n h a n g bestehen. Es gilt die Theorie der adäquaten Verursachung (RG. Sl S. 359).

8. Der Kläger muss das Verschulden des anderen Schiffs b e w e i s e n. Zeugenaussagen vor dem Seemannsamt können nur dann als Urkundenbeweis verwertet werden, wenn keine Partei die nochmalige Vernehmung vor dem Zivilgericht beantragt (. Schaps Anm. 55 Abs. 2 zu § 735).

P r i m a f a c i e - B e w e i s wird anerkannt: wenn feststeht, dass das eine Schiff gegen ein Schutzgesetz verstossen hat, wenn ein Segler von einem überholenden Dampfer angerannt wird, wenn ein Dampfer aus dem Ruder läuft und in die falsche Fahrwasserseite gerät, wenn ein stilliegendes Fahrzeug oder ein Duc d'Albert angerannt wird.

c. Wer haftet für den Schaden?

1. Die schuldige Person der Schiffsbesatzung, auch der freiwillig angenommene Lotse, unbeschränkt nach Bürgerlichem Recht (§ 739 Abs. 2).

2. Der Reeder des schuldigen Schiffs dinglich nach § § 485, 486 bei eigenem Verschulden auch unbeschränkt persönlich.

3. Eventuell der Ausrüster in gleicher Weise (§ 510). Der Reeder ist, solange der Ausrüster das Schiff hat, nicht passiv legitimiert, hat aber kein Interventionsrecht.

4. Der Zwangslotse resp. für ihn das Reich oder der Staat.

Niemals haften dagegen die Ladungseigentümer und Reisenden mit den an Bord befindlichen Gütern!

d. Klageberechtigt sind:

1. Der Reeder des beschädigten Schiffs. Er kann die Reparaturkosten, entgangenen Gewinn, Unkosten für Besatzung, Passagiere, Verklarung, Dispache, sowie auch als indirekten Schaden das, was er seinen eigenen Ladungsinteressenten als Ersatz zu leisten hat, verlangen, nicht aber die Versicherungsprämie.

2. Die am Schiff dinglich Berechtigten z. B. die Pfandgläubiger.

3. Die obligatorisch am Schiff Interessierten nur dann, wenn sie den Besitz haben. Denn der Besitz ist ein geschütztes Rechtsgut wie in § 823 BGB. Hierher gehört vor allem der Ausrüster.

4. Die Ladungsinteressenten des schuldigen und nicht schuldigen Schiffs hinsichtlich aller Ladungsschäden. Sie können vollen Ersatz, nicht nur den gemeinen Handelswert verlangen.

5. Die Besatzungsmitglieder mit Ausnahme des Schuldigen hinsichtlich Körperverletzung und Beschädigung ihrer Habe.

6. Die Reisenden hinsichtlich Körperverletzung und Beschädigung des Reiseguts.

e) Stossen z w e i S c h i f f e zusammen und sind b e i d e s c h u l d i g, so haften sie einander nur quotenmässig nach dem Grade des Verschuldens (nicht der Kausalität wie in § 254 BGB). Auch für die Schäden an Ladung, Reisegut und Besatzungshabe wird nur ratierlich gehaftet. Ist das Verschulden beider Schiffe gleich gross oder lässt sich der Grad des beiderseitigen Verschuldens nicht feststellen, so sind sie zu gleichen Teilen schadensersatzpflichtig. Die Schäden werden nicht etwa gegeneinander aufgehoben (§ 736 Abs. 1).

Dagegen haften die Reeder beider Schiffe für Tötung und Verletzung von Personen dem Geschädigten als Gesamtschuldner (§ 736 Abs. 2). Beim Ausgleich der Reeder untereinander findet wieder Verteilung nach dem Grad des Verschuldens statt.

f) Stossen m e h r a l s z w e i S c h i f f e zusammen, so haften die schuldigen Schiffe untereinander für Sachschäden ratierlich (§ 736 Abs. 1), für Personenschäden als Gesamtschuldner (§ 736 Abs. 2) und gegenüber einem beteiligten nicht schuldigen Schiffe als Gesamtschuldner (§ § 830, 840 BGB.). Letzteres gilt auch, wenn sich nicht ermitteln lässt, welches von mehreren beteiligten Schiffen die Schuld trifft (§ 830 Abs. 1 BGB.). In allen Fällen der gesamtschuldnerischen Haftung erfolgt der Ausgleich nach Quoten gemäss dem Grade des Verschuldens (§ 736 Abs. 1).

g) Zur Verhütung von Schiffszusammenstössen sind folgende Verordnungen erlassen (abgedruckt bei Schaps II. Aufl. S. 803 ff.):

1. Die Seestrassenordnung vom 5. 11. 1906 (R. GBl. 1906 S. 120).

2. Verordnung über die Abblendung der Seitenlichter und die Einrichtung der Positionslaternen auf Seeschiffen vom 16.10.1900 (RGBl. 1900 S. 1003).

3. Bekanntmachung betr. Einrichtung der Positionslaternen auf Seeschiffen vom 8. Dezember 1900 (RGBl. 1900 S. 1036).

4. Lotsensignalordnung vom 7. II. 1907 (RGBl. 1907 S. 27).

5. Verordnung über das Verhalten der Schiffer nach einem Zusammenstoss von Schiffen auf See vom 15. VIII. 1876 (RGBl. 1876 S. 189).

6. Verordnung betr. das Roderkommando vom 18. X. 1903 (RGBl. 1903 S. 283).

7. Verordnung betr. die Bezeichnung der Fahrwasser und Untiefen in den deutschen Küstengewässern vom 13. V. 1912.

§ 28. Bergung u. Hilfsleistung in Seenot
(§§ 740—753).

a) Die §§ 740-718 und 750 sind geändert auf Grund des internationalen Uebereinkommens zur einheitlichen Feststellung von Regeln über die Hilfsleistung und Bergung in Seenot von 1910 durch die Novelle vom 7. I. 1913. § 749 hat durch Novelle vom 2. Juni 1902 eine neue Fassung erhalten. Die sämtlichen Vorschriften dieses Abschnitts gelten nur, wenn das notleidende Schiff dem Erwerb durch Seefahrt dient, einerlei ob das rettende Schiff ein Seeschiff oder Binnenschiff ist, seit Inkrafttreten der Novelle vom 7. I. 1913 aber auch dann, wenn ein Seeschiff von einem Binnenschiff gerettet wird (§ 740 Satz 2).

b) Das deutsche Recht unterscheidet im Gegensatz zum englischen Recht und zum internationalen Abkommen zwischen Bergung und Hilfsleistung. Der Ausdruck Rettung soll im Folgenden verwandt werden, wenn beides gemeint ist.

Eine Bergung liegt dann vor, wenn die Besatzung des notleidenden Schiffs die Verfügung über das Schiff und die Ladung verloren hat, sei es dass sie von Bord gegangen ist, sei es dass sie z. B. infolge Erkrankung hilflos geworden ist, und wenn ferner der Retter das Schiff und die Ladung an sich genommen und in Sicherheit gebracht hat. Hilfsleistung ist jeder sonstige Fall der Rettung. Die Unterscheidung hat seit der Novelle nur geringe Bedeutung. Dem Berger ist in § 751 ein besonderes Zurückbehaltungsrecht gewährt. Auch wird man vielleicht bei der Hilfsleistung den Lohn geringer berechnen, obwohl dies im Gesetz nicht mehr vorgeschrieben ist.

Gemeinsame Voraussetzungen für Bergung und Hilfsleistung sind (§ 740):

1. Die Seenot, das ist eine der Seeschiffahrt eigentümliche Gefahr, wie Eisgang, Sturm, Meuterei, Kohlenmangel. Die Gefahr braucht nicht wie bei der grossen Haverei unmittelbar zu drohen, auch nicht dem Schiff und der Ladung gemeinsam zu sein. Kein Hindernis ist, dass der Nachteil bereits eingetreten ist, wenn nur ein weiterer Schaden noch zu erwarten ist; z. B. ein Schiff ist gestrandet oder gar gesunken.

Die Gefahr muss derartig sein, dass das Schiff sich aus ihr nicht durch eigene Hilfe befreien kann. Ob eine solche Gefahr vorliegt, ist nicht nur nach objektiven Gesichtspunkten zu beurteilen. Man muss sich vielmehr in die Auffassung der beteiligten Personen zur Zeit der Notlage hineinversetzen. Gleichgültig ist die Entstehungsursache der Gefahr.

2. Die Rettung kann sich beziehen auf das Schiff und die Ladung, sowie alle sonst an Bord befindlichen Sachen wie Reisegut, Habe der Besatzung, Kohlenvorrat, Proviant, ferner auch auf Menschenleben. Jedoch ist letzterer Fall in § 750 besonders geregelt. Die Fracht kann nicht selbständig Gegenstand der Rettung sein, wohl aber werterhöhender Umstand.

3. Die Rettung muss Erfolg gehabt haben, es genügt aber ein Teilerfolg. Ergebnislose Versuche lösen weder einen Lohn aus noch geben sie — in Ermangelung besonderer Abmachungen — einen Anspruch auf Ersatz von Aufwendungen (§ 741 Abs. 1).

4. Die Rettung kann nur von Dritten Personen ausgeführt werden, nicht dagegen von der eigenen Besatzung. Denn diese ist zu jeder Hilfsleistung ohne besonderen Lohn verpflichtet (§ § 511, 512, 535 HGB., 2, 3, 41 SO.). Anders liegt es, wenn die Rettung nicht zu den Obliegenheiten gewisser Personen der Besatzung gehört, z. B. die Musiker, Arzt, Steward, unter Umständen der Lotse, (§ 742 Abs. 2) ferner die Passagiere. Keinen Hilfs- und Bergelohn können ferner beanspruchen Personen, welche gegen ein ausdrückliches, nicht

unverständiges Verbot des Schiffers Beistand leisten
(§ 742 Abs. 1), und solche, welche die Notlage
selbst verschuldet haben (§ 748). Der Schlepper
kann für die Rettung des von ihm geschleppten
Schiffs nur Hilfs- oder Bergelohn verlangen, wenn
er aussergewöhnliche Dienste leistet und wenn diese nicht zur Erfüllung des Schleppvertrages gehören (§ 742 Abs. 2).

Dagegen bildet es kein Hindernis, wenn das
rettende und das notleidende Schiff demselben Reeder gehören (§ 743). Nur kann der Reeder dann
nicht gegen sich selbst die Höhe des Lohns festsetzen
lassen. Er muss sich schon von der Besatzung des
rettenden Schiffs gemäss § 749 verklagen lassen (s.
Schaps II. Aufl. Anm. 12). M. E. kann er aber auch
einredeweise die gerichtliche Festsetzung erreichen,
wenn nachstehende Schiffsgläubiger gegen ihn vorgehen.

c. Die Höhe des Berge- und Hilfslohns kann von den Parteien vor, bei oder nach
der Rettung vereinbart werden. Es kann aber auch
die Festsetzung einem Schiedsgericht, namentlich
dem Deutschen Seeschiedsgericht in Hamburg (er-
richtet 1913) überlassen werden. Der ordentliche
Rechtsweg ist ausgeschlossen. Dafür kann der Retter aber gemäss §§ 36 ff. Str. O. das Strandamt
anrufen, welches nach Prüfung des Sachverhalts
nur selbst entscheiden kann, falls ihm dieses Recht
landesrechtlich übertragen ist. Andernfalls ergeht
der Bescheid durch die Aufsichtsbehörde. Gegen den
Bescheid findet binnen einer Ausschlussfrist von 11
Tagen der Rechtsweg statt. —

Hinsichtlich der Berechnung des Hilfs-
und Bergelohns sind vom Gesetz zahlreiche Vorschriften gegeben:

1. Die Höchstgrenze bildet der gemeine Handelswert der geretteten Werte zur Zeit der Rettung
(§ 741 Abs. 2).

2. Die Mindestgrenze ergibt sich daraus, dass
Kosten und Schäden des Retters im Lohn enthalten
sein müssen (§ 745).

3. Der Lohn muss in Geld festgesetzt werden
(§ 741 Abs. 3).

4. Er darf ohne übereinstimmenden Antrag al-

ler Beteiligten nicht auf einen Bruchteil der geretteten Werte festgesetzt werden (§ 744 Abs. 3).

5. In Anschlag kommen: Der erzielte Erfolg, die Anstrengungen und Verdienste der tätig gewesenen Personen, die Gefahr, die dem geborgenen oder geretteten Schiffe und den darauf befindlichen Personen oder Sachen gedroht hat, die Gefahr, welcher die an der Bergung oder Rettung Beteiligten sich und ihre Fahrzeuge ausgesetzt haben, die verwendete Zeit, die entstandenen Kosten und Schäden, die Gefahr einer Haftung oder anderer Nachteile der sich die an der Bergung oder Rettung Beteiligten unterzogen haben, der Wert des von ihnen in Gefahr gebrachten Materials, gegebenenfalls auch die besondere Zweckbestimmung des bergenden oder rettenden Schiffs (§ 745).

6. Auf den Wert der geretteten Gegenstände einschliesslich des erhalten gebliebenen Anspruchs auf Fracht und Ueberfahrtsgelder, ist nur in zweiter Linie Rücksicht zu nehmen (§ 745 Abs. 2).

7. Im übrigen ist der Lohn nach billigem Ermessen unter Berücksichtigung aller Umstände des Falles zu bestimmen (§ 744 Abs. 1).

8. In den Lohn sind nicht einzurechnen: Die Kosten und Gebühren der Behörden, die Zölle und sonstigen Abgaben, die Kosten der Aufbewahrung, Erhaltung, Abschätzung und Veräusserung der geretteten Gegenstände. Diese Beträge werden vielmehr besonders erhoben (§ 746).

9. Verzugszinsen können nach herrschender Meinung erst berechnet werden von dem Tage an, wo die Höhe durch Vereinbarung oder durch Entscheidung des Strandamts, Schiedsgerichts oder ordentlichen Gerichts feststeht. Dagegen laufen Prozesszinsen von Klagerhebung an. —

Sind mehrere Retter beteiligt, so ist die Quote unter Beachtung obiger Regeln festzusetzen (§ § 744 Abs. 2, 745 Abs. 3).

d) Ist die Höhe des Berge- oder Hilfslohns zwischen den Parteien vereinbart, so unterliegt ein solcher Vertrag den allgemeinen Vorschriften des Bürgerlichen Gesetzbuchs, insbesondere auch hinsichtlich A n f e c h t b a r k e i t und N i c h t i g - k e i t. Daneben geben die § § 747 und 748 HGB.

besondere Bestimmungen. Der Vertrag kann nämlich für nichtig erklärt oder geändert werden (letzteres heisst: Der Lohn kann herabgesetzt, unter Umständen auch erhöht werden) aus folgenden Gründen:

1. Wenn einer der Vertragschliessenden durch arglistige Täuschung zum Abschluss bestimmt ist. Die Voraussetzungen sind die gleichen wie in § 123 BGB.

2. Wenn die Bedingungen eines zur Zeit der Gefahr und unter dem Einfluss der Gefahr geschlossenen Vertrages unbillig sind. Von § 138 Abs. 2 BGB unterscheidet sich dieser Fall dadurch, dass kein auffälliges Missverhältnis zwischen Leistung und Gegenleistung verlangt wird. Ausbeutung der Notlage muss aber auch hier vorhanden sein. Das liegt in den Worten: «unter Einfluss der Gefahr».

3. Wenn der Lohn in einem ausserordentlichen Missverhältnis zur Leistung steht. Hier fehlt gegenüber § 138 BGB das subjektive Element.

4. Wenn die Retter die Notwendigkeit der Rettung selbst verschuldet haben.

5. Wenn die Retter sich des Diebstahls, der Verheimlichung oder anderer unredlicher Handlungen schuldig gemacht haben.

In all diesen Fällen ist eine einseitige, an eine Frist geknüpfte Anfechtungserklärung einer Partei nicht erforderlich, aber auch nicht genügend. Vielmehr muss der, welcher sich benachteiligt glaubt, klagend oder einredeweise eine gerichtliche Entscheidung herbeiführen. Es muss ein bestimmter Antrag gestellt werden. Das Gericht kann nicht, wenn Nichtigkeit beantragt ist, abändern und umgekehrt. Die Entscheidung wirkt konstitutiv und hat keine rückwirkende Kraft. Dass das Gericht einen Vertrag ändern kann, ist ungewöhnlich, findet aber eine Parallele in § § 343, 655 BGB. Die Fälle 4 und 5 wirken als Hindernis für eine Lohnfestsetzung oder als Lohnverminderungsgrund auch, wenn keine Lohnvereinbarung erfolgt ist (§ 748). —

c. Die Bergung und Hilfsleistung braucht nicht notwendig durch ein Schiff zu erfolgen. Geschieht dies aber, so hat allein dessen Reeder resp. Ausrüster den Rettungslohn von den Eigentümern der geretteten Werte zu beanspruchen. Jedoch ist er wiederum verpflichtet, der Besatzung einen Teil des Lohns abzugeben. Die Verteilung erfolgt dann so, dass der Reeder zunächst die Schäden an seinem Schiff und die Betriebsmehrkosten ersetzt erhält. Von dem Rest gebühren dem Reeder eines Dampfers $^2/_3$, dem Schiffer $^1/_6$ und der übrigen Besatzung zusammen $^1/_6$, dem Reeder eines Seglers $^1/_2$, dem Schiffer $^1/_4$ und der übrigen Besatzung zusammen $^1/_4$.

Die Offiziere und Mannschaften erhalten dann ihren Anteil nach einem vom Schiffer aufzustellenden Verteilungsplan, der auf Einspruch von Seemannsamt geändert werden kann, unter besonderer Berücksichtigung ihrer sachlichen und persönlichen Leistungen (§ 749).

Diese Bestimmungen sind zwingendes Recht. Sie finden auf Bergungs- und Schleppdampfer keine Anwendung (§ 749 Abs. 4 und 5). —

Wer bei Gelegenheit der Bergung und Hilfsleistung einen Menschen zu retten versucht (ob mit oder ohne Erfolg ist gleichgültig), hat intern einen Anspruch auf Anteil an der Vergütung des Reeders, aber ebensowenig wie die Besatzung nach § 749 einen klagbaren Anspruch gegen die Eigentümer der geretteten Werte oder gar gegen die geretteten Personen selbst. Letztere haben überhaupt keinen Berge- oder Hilfslohn zu entrichten (§ 750).

f) Für den Rettungslohn wird nicht persönlich sondern dinglich gehaftet (Gesamtpfand) nach den oben (§§ 13 und 15) erörterten Grundsätzen. Der Berger hat ausserdem ein Zurückbehaltungsrecht (§§ 751—753).

§ 2ɔ. Die Verjährung.
(§§ 901—904).

Auch dieser Abschnitt hat manche Aenderung durch die Novelle vom 7. 1. 1913 erfahren.

Grundsätzlich verjähren alle Schiffsgläubigerrechte und alle Ladungsgläubigerrechte sowie die mit ihnen verknüpften Forderungen gegen die Reeder, die Besatzung und gegen die Ladungsinteressenten in einem Jahre (§§ 901—904) ausnahmsweise verjähren in zwei Jahren:

1. Die Forderungen der Besatzung aus Dienst- und Heuerverträgen, wenn die Entlassung jenseits des Vorgebirges der Guten Hoffnung oder des Kap Horn erfolgt ist (§ 901).

2. Die Forderungen aus Schiffszusammenstössen mit Ausnahme der Regressforderungen mehrerer solidarisch haftender Reeder untereinander, bei denen wieder die einjährige Verjährung Platz greift (§ § 901, 904 Abs. 1).

3. Die Forderungen auf Berge- und Hilfslohn (§ § 901, 904 Abs. 1).

Die Verjährung beginnt im Allgemeinen mit dem Schluss des Jahres, in welches das die Forderung begründende Ereignis fällt, bei Forderungen aus Schiffszusammenstössen und Berge- und Hilfslohnforderungen aber schon mit dem Ereignis selbst (§ § 903, 904). —

Forderungen, welche nicht durch dingliche Rechte gesichert sind, z. B. die Forderungen gegen den Reeder oder Ausrüster wegen persönlichen Verschuldens und wegen Garantie, verjähren nach den allgemeinen Grundsätzen des Handelsgesetzbuchs oder des Bürgerlichen Gesetzbuchs.

E. Das Binnenschiffahrtsrecht
§ 30. Personen d. Binnenschiffahrtsrechts

a) Das Binnenschiffahrtsrecht ist geregelt im Reichsgesetz betreffend die privatrechtlichen Verhältnisse der Binnenschiffahrt vom 15. Juni 1895 (in Kraft am 1. Juni 1896), welches durch Art. 12 EGHGB nicht unerhebliche Aenderungen erfahren und am 20. Mai 1898 demgemäss neu verkündet ist. Das Seerecht hat als Vorbild gedient. Immerhin ergeben sich wichtige Unterschiede: Die Partenreederei und Bodmerei fehlen gänzlich. Die Seemannsordnung gilt nicht für die Mannschaft auf Binnenschiffen. Das Flaggengesetz findet keine Anwendung. Die Versicherung im Binnenschiffahrtsrecht unterliegt dem Versicherungsvertragsgesetz, nicht den § § 778 ff. HGB. Der Frachtvertrag richtet sich grundsätzlich nach den Bestimmungen des Landfrachtrechts (§ § 425 ff. HGB.), ist aber durch zahlreiche Sonderbestimmungen dem Seefrachtvertrage genähert.

Manche Abweichungen des Binnenschiffahrtsrechts vom Seerecht erklären sich aus sozialen Gründen: Der Schiffseigner ist oft wirtschaftlich schwach gestellt.

Bemerkenswert ist schliesslich, dass die Begriffe und Bezeichnungen in beiden Rechten vielfach voneinander abweichen.

Um Wiederholungen zu vermeiden, sollen im Folgenden nur die Besonderheiten des Binnenschiffahrtsrechts besprochen werden. Nur da, wo erheblichere Abweichungen bestehen (wie z. B. beim Frachtrecht), erschien eine in sich geschlossene Erörterung geboten.

b) Der Schiffseigner entspricht dem Reeder des Seerechts (§ 1). Nur ist hier ein Erwerbsbetrieb nicht erforderlich. Die Stellung des Ausrüsters ist dieselbe wie im Seerecht (§ 2). Die

§§ 3—6 regeln die Haftung des Schiffseigners wie die des Reeders mit 5 Besonderheiten.

1. § 4 Abs. 2 unterscheidet sich in der Fassung von § 486 Abs. 2 HGB. Nach dem Wortlaut des § 4 Abs. 2 kann kein Zweifel sein, dass bei eigenem Verschulden des Schiffseigners eine unbeschränkt persönliche Haftung neben der eventuell dinglichen Haftung begründet sein soll, während § 486 Abs. 2 die Auslegung zulässt, dass bei eigenem Verschulden die persönliche Haftung an die Stelle der dinglichen treten soll. Die Rechtsprechung pflegt aber auch für das Seerecht die doppelte Haftungsart anzunehmen.

2. Ferner trifft in § 4 Abs. 2 im Gegensatz zu § 486 Abs. 2 eine Bestimmung dahin, dass die persönliche Haftung auch bei Garantieversprechen eintritt, doch wird dies als selbstverständlich angenommen.

3. Der Schiffseigner — Schiffer haftet für eigenes nautisches Verschulden nur beschränkt — dinglich (§ 4 Abs. 2), während man bei eigenem Verschulden des Reeder — Schiffers in Ermangelung einer gesetzlichen Regelung unbeschränkt persönliche Haftung annimmt.

4. Im Seerecht ist eine allgemeine Haftung des Reeders für Seetüchtigkeit nicht ausgesprochen. Eine solche besteht vielmehr nach § 559 HGB nur auf Grund eines Frachtvertrages und in Form der beschränkt-dinglichen Haftung für Pflichtverletzung des Schiffers gemäss §§ 513, 486 HGB. Dagegen ist im Binnenschiffahrtsrecht für den Schiffseigner eine unbeschränkt persönliche Haftung für Fahrtüchtigkeit festgesetzt (§ 8 Abs. 1); ob daneben eine beschränkt dingliche Haftung besteht, ist wegen des unklaren Wortlautes des Gesetzes streitig.

5. Die Fälle der beschränkt persönlichen Haftung werden im Binnenschiffahrtsrecht noch um einen vermehrt: Während im Seerecht die Schiffsgläubigerrechte allen übrigen Pfandrechten vorgehen, müssen sie im Binnenschiffahrtsrecht zum Teil älteren Vertragspfandrechten nachstehen. Soweit hierdurch die Schiffsgläubiger geschädigt werden, haftet ihnen der Schiffseigner beschränkt persönlich (§ 109). —

Wie bereits eingangs erwähnt, gibt es keine Partenreederei. Das schließt jedoch nicht aus, dass die Schiffahrt mit einem Schiff von mehreren Personen gemeinsam betrieben wird, und dass das Schiff im Miteigentum steht. Die mehreren Beteiligten bilden dann ein Rechtsgebilde des Bürgerlichen Rechts (Verein, Gesellschaft, Gemeinschaft, Gütergemeinschaft, Erbengemeinschaft) oder eine Handelsgesellschaft. In den Fällen des Miteigentums spricht man auch im Binnenschiffahrtsrecht von Schiffsparten (z. B. § 111).

Führt ein Miteigentümer das Schiff als Schiffer, so kommt § 4 Abs. 2 (Haftung für nautisches Verschulden) nicht zur Anwendung.

c) Der Schiffer hat im wesentlichen die gleiche Stellung wie im Seerecht. Ist nur ein Mann an Bord, so ist dieser der Schiffer. Führt der Eigner das Schiff selbst, so heisst er Partikulierschiffer im Gegensatz zum Setzschiffer, dem angestellten Schiffer. Der Anstellungsvertrag ist formlos. Ein Befähigungsnachweis ist reichsrechtlich nicht erforderlich, wohl aber vielfach nach Landesrecht, z. B. für Elbe und Rhein nach § 8 der Additionalakte zur Elbschiffahrtsakte und § 15 der Rheinschiffahrtsakte. (§ 31 Abs. 3 Gew.-O. u. § 132 Abs. 1 B. Sch. G.). Der Schiffer untersteht der Gewerbeordnung (§ 20 B. Sch. G. § 133 a Gew.-O.). Seine Ansprüche hat er, sofern sein Jahresverdienst 5000 Mk. nicht überschreitet, beim Gewerbegericht geltend zu machen.

Die Haftung des Schiffers gegenüber dem Eigner, den Reiseinteressenten und Dritten ist wie im Seerecht geregelt (§ 7) mit Ausnahme des Falls besonderer Anweisung durch den Schiffseigner. Hier wird er im Gegensatz zum Seerecht frei, sofern er nicht die nötige Aufklärung unterlassen oder sich einer strafbaren Handlung schuldig gemacht hat (§ 7 Abs. 2 Satz 2).

Die Pflichten des Schiffers sind in den §§ 8—14 B. Sch. G. ähnlich geregelt wie in den §§ 513 ff. HGB. Bemerkenswert sind folgende Besonderheiten:

1. Er ist innerhalb des Heimatsortes zur Anmusterung der Mannschaft nicht berechtigt, er hat

nur auf ordentliche Bemannung hinzuwirken. Ausserhalb des Heimatsortes kann er selbst die Mannschaft ergänzen (§ 8 Abs. 2, anders § 526 HGB.).

2. Er braucht kein Schiffstagebuch zu führen resp. führen zu lassen (§ 519 HGB.).

3. Zur Verklarung ist der Schiffer nicht ohne Weiteres verpflichtet, sondern nur berechtigt. Er muss es aber, wenn der Schiffseigner oder ein Ladungsinteressent (nicht Versicherer) es beantragen. Seine Beeidigung ist nicht vorgeschrieben, sondern steht im Ermessen des Gerichts (§§ 11—14, anders §§ 522—525 HGB.).

Die Vertretungsmacht des Schiffers für den Schiffseigner ist geringer als die des Seerechts (§§ 15—19).

Im Heimatsort kann er n u r Ladescheine ausstellen (§ 16.).

Ausserhalb desselben kann er alle Rechtsgeschäfte vornehmen, welche für die konkrete Reise erforderlich sind, sowie Frachten einziehen. Dagegen kann er ohne besondere Vollmacht nicht: Frachtverträge abschliessen, Wechselverbindlichkeiten eingehen, das Schiff veräussern oder verpfänden (§ 15). Er kann weder klagen noch verklagt werden (Ausnahme § 97 Abs. 2 B.Sch.G.). Der Hafenschiffer, der nur im selben Hafen fährt (Hamburg-Altona gilt in diesem Sinne als ein Hafen) hat überhaupt keine Vertretungsmacht. Der Schiffer ist nicht gesetzlicher Vertreter der Ladungsinteressenten.

Das Dienstverhältnis endigt durch Kündigung, die auf den Monatsschluss mit sechswöchiger Frist zulässig ist. Er kann jedoch, unbeschadet seiner Ansprüche auf Entschädigung und etwaige Rückreisekosten, jeder Zeit seiner Stellung enthoben werden (§ 20).

4. Der Begriff der S c h i f f s m a n n s c h a f t ist enger als im Seerecht. Zunächst gibt es im eigentlichen Sinn keine Schiffsoffiziere. Sofern der Ausdruck Steuermann (in der Binnenschiffahrt vorkommt), versteht man darunter vielfach den Schiffer, den Lotsen oder einen Matrosen. Es sind Schiffsmannschaft nach § 21 B.Sch.G. n u r die zum Schiffahrtsdienste dauernd angestellten Personen, insbesondere:

Steuerleute, Bootsleute, Matrosen, Schiffsknechte, Schiffsjungen, Maschinisten und Heizer.

Nicht zur Mannschaft gehören: der Schiffer, der Lotse, die Schiffsgehilfen. Letzteres sind die nicht zu Schiffahrtsdiensten angestellten Personen wie Musiker, Kellner, Reinmachefrau. Zu den Schiffsgehilfen zählt der freiwillig angenommene Lotse, nicht der Zwangslotse (§ 3). Die Seemannsordnung sowie das Stellenvermittlungsgesetz von 1910 gelten im Binnenschiffahrtsrecht nicht, vielmehr untersteht die Schiffsmannschaft sowohl wie die Schiffsgehilfen der Gewerbeordnung und dem Bürgerlichen Gesetzbuch. Nur für die Schiffsmannschaft gelten die besonderen Vorschriften der §§ 22—25 B.Sch.G. Der Anstellungsvertrag ist formlos, es gibt keine Anmusterung, keinen polizeilichen Zwang zum Dienstantritt, keine Bestrafung wegen Desertion. Der Schiffsmann ist dem Schiffer gehorsamspflichtig. Letzterer hat aber keine Disziplinargewalt (§ 23). Tritt der Schiffsmann den Dienst nicht rechtzeitig (d. h. binnen 24 Stunden) an, so braucht er nicht mehr angenommen zu werden und ist schadensersatzpflichtig (§ 22).

Der Lohn ist im Zweifel alle 14 Tage nachträglich zu zahlen (§ 24). Als sofortiger Kündigungsgrund gilt die Reiseverhinderung durch den Winter, nicht dagegen der Untergang des Schiffs (§ 25). —

Der Grundsatz der Einheit des Schleppzuges wird für das Binnenschiffahrtsrecht abgelehnt. (Hans. G. Z. 1907 Nr. 52).

§ 31. Das Sachenrecht der Binnenschiffahrt

a) Der Begriff »S c h i f f« ist der gleiche wie im Seerecht. Aber hier erscheint eine genauere Bestimmung geboten:

1. Es muss ein Schiffsgefäss vorhanden sein. Daher sind Flösse keine Schiffe. Die Flösserei ist geregelt in einem besonderen Gesetz vom 15. Juni 1895 (R.G.Bl. 341).

2. Es muss für die Schiffahrt bestimmt sein. Schwimmende Badeanstalten sind keine Schiffe.

wohl aber Baggerkräne und Schuten, die nicht mit eigener Kraft fahren können.

3. Erwerbszweck ist nicht erforderlich. Lustjachten und Schulschiffe unterliegen, auch wenn sie nicht eingetragen sind, dem gesamten Binnenschifffahrtsrecht, nicht nur wie im Seerecht den Vorschriften über Reederhaftung und Kollision.

4. Kraft positiver Bestimmung (§ 131 Abs. 3 und 4 B.Sch.G.) findet das Binnenschiffahrtsrecht keine Anwendung auf Schiffsbetriebe, welche im Anschluss an den Eisenbahnverkehr geführt werden und der Eisenbahnaufsichtsbehörde unterstellt sind, sowie auf Fähranstalten, deren Betrieb mittels nicht frei schwimmender Schiffe stattfindet.

5. Boote, Nachen, Gondeln zu Lustfahrten und zum Uebersetzen von Personen unterliegen nach herrschender Ansicht wegen ihrer Kleinheit dem Binnenschiffahrtsrecht nicht. –

Der Eigentumserwerb am Binnenschiff vollzieht sich nach den Vorschriften des Bürgerlichen Gesetzbuchs. Eine dem § 474 H.G.B. entsprechende Bestimmung fehlt. Das Schiff ist auch hier bewegliche Sache. Nur hinsichtlich Verpfändung (Registerpfand) und Zwangsvollstreckung werden registrierte Schiffe ähnlich wie Grundstücke behandelt.

Bei Binnenschiffen wird nicht die Ladefähigkeit gemessen sondern die Tragfähigkeit geeicht. Der Eichschein (welcher dem Messbrief des Seerechts entspricht) ergibt, wieviel Tonnen (1 Tonne = 1000 kg) das Schiff laden darf.

b. Das Schiffsregister (§§ 119 bis 129 B.Sch.G.) wird ebenso wie das Seeschiffsregister vom Amtsgericht, nur in Hamburg von der Deputation für Handel, Schiffahrt und Gewerbe geführt. Es hat keine Bedeutung für das Flaggenrecht. Die Eintragung erfolgt nicht von Amtswegen, sondern wie im Seerecht nur auf Antrag. Aber es besteht eine Anmeldepflicht für den Eigentümer (nicht den Schiffseigner) nach §§ 123—126, die durch Ordnungsstrafen erzwungen werden kann. Ueber die Eintragung wird ein Schiffsbrief erteilt (Schiffscertifikat des Seerechts). Zuständig ist das Gericht des Heimatsortes (§ 122). Nicht eintragungspflichtig sind (§ 119):

1. Die Schiffe, welche öffentlichen Zwecken dienen.

2. Dampfer unter 15 Tonnen Tragfähigkeit.

3. Sonstige Schiffe unter 20 Tonnen Tragfähigkeit.

Der Inhalt der Anmeldung entspricht der des Seerechts (§ § 121—125), ebenso die Wirkung der Eintragung.

c) Das Vertragspfand und das Vollstreckungspfand unterliegen den gleichen Rechtsregeln wie beim Seeschiff. Grundsätzlich ist dies beim S c h i f f s g l ä u b i g e r r e c h t ebenso (§ § 102 bis 116 B.Sch.G.). Jedoch enthält die in § 102 aufgeführte Liste der Rechte Abweichungen von § 754 HGB., auch ist die Rangfolge etwas anders geregelt.

Im Binnenschiffahrtsrecht fehlen die Bewachungskosten und die Bodmereiforderungen. Ausserdem sind verschiedene Forderungen, die in § 754 HGB. besondere Ziffern erhalten haben, in § 102 zusammengelegt. Darnach ergibt sich folgender Ueberblick:

1. Die öffentlichen Abgaben (Ziffer 2 in § 754).

2. Die Dienstvertragsforderungen der Besatzung (Ziffer 3 in § 754).

3. Die Lotsengelder, Berge- und Hilfslohnforderungen (Ziffer 4 in § 754).

Die Beiträge zur grossen Haverei (Ziffer 5 in § 754).

Die Forderungen aus Notstandsgeschäften des Schiffers (Ziffer 6 in § 754).

4. Die Ersatzansprüche für verlorene oder beschädigte Ladung (Ziffer 7 in § 754).

5. Die Forderungen aus Geschäften des Schiffers und aus Geschäften des Schiffseigners, wenn die Erfüllung zu den Obliegenheiten des Schiffers gehört, und die Forderungen aus Verschulden der Besatzung (Ziffer 8 und 9 in § 754).

6. Die Unfallversicherungsforderungen (Ziffer 10 in § 754).

Für die R a n g f o l g e gelten abweichend vom Seerecht folgende Regeln:

1. Treffen Schiffsgläubigerrechte mit sonstigen Pfandrechten zusammen, so gehen Nr. 1—3 den sonstigen Pfandrechten stets vor, Nr. 4—6 aber nur,

wenn sie älter sind als die sonstigen Pfandrechte. Dies gilt aber nur hinsichtlich des Schiffs. Soweit Schiffsgläubigerrechte an der Fracht mit sonstigen Pfandrechten zusammentreffen, gehen die ersteren immer vor (§ 109).

2. Nr. 6 geht den Nr. 1—5 stets nach ohne Rücksicht auf die Zeit der Entstehung (§ 106).

3. Unter den Nr. 1—5 gehen die auf einer späteren Reise entstandenen Rechte, den auf früheren Reisen entstandenen vor (§ 105).

4. Sind die Rechte Nr. 1—5 auf derselben Reise entstanden, so rangieren sie nach der Nummernfolge, die in derselben Nummer genannten stehen bei Nr. 1, 2, 4—5 einander gleich, bei Nr. 3 geht das spätere dem früheren Recht vor (§ 107).

b. Ueber das Pfandrecht der Ladungsgläubiger ist weiteres nicht zu sagen. Da auch hier das Bodmereigläubigerrecht wegfällt, so verbleiben nur:

1. Die Berge- und Hülfslohnforderungen.
2. Die Forderungen aus grosser Haverei.
3. Die Forderungen des Verfrachters.

§ 32. Der Frachtvertrag

a. Während der Seefrachtvertrag im IV. Buch des HGB erschöpfend und in sich geschlossen geregelt ist, wird der Frachtvertrag des Binnenschiffahrtsrechts als Unterart des Landfrachtvertrages angesehen und behandelt. Es kommen die Vorschriften des HGB §§ 425—451 mit Ausnahme der §§ 429, 457, 458 und 444 zur Anwendung (§ 26 B.Sch.G.). Daneben geben die §§ 27—76 B.Sch. G. Sonderbestimmungen, welche den Vertrag demjenigen des Seerechts näher bringen. — Der Verfrachter heisst im Binnenschiffahrtsrecht Frachtführer. Dieser braucht nicht selbst Schiffseigner zu sein, aber er muss in eigenem Namen die Ausführung der Beförderung übernommen haben, während der Spediteur nur die Besorgung der Beförderung durch einen Frachtführer zur Aufgabe hat. Tritt der Spediteur selbst ein, wozu er nach § 412 HGB berechtigt ist, so hat er die Doppelstellung als Spediteur und Frachtführer. Dagegen wird er nur als Frachtführer behandelt (§ 413 HGB.): 1. wenn er sich mit dem Versender über einen bestimmten Beförderungssatz geeinigt hat, 2. wenn er die Versendung auf Grund eines von ihm für seine Rechnung abgeschlossenen Sammelladungsfrachtvertrages ausführt (Uebernehmer = Spediteur).

Dem Frachtführer steht als Vertragsgegner der A b s e n d e r gegenüber, d. i. derjenige, welcher in eigenem Namen für eigene oder fremde Rechnung den Beförderungsvertrag abschliesst, also der Befrachter des Seerechts.

V e r s e n d e r ist diejenige Person, für deren Rechnung der Vertrag abgeschlossen ist. Während der Versender im Seerecht nicht erwähnt wird, ist dem Binnenschiffahrtsrecht ein Ablader mit besonderer Rechtsstellung unbekannt. Binnenschiffsfrachtverträge werden häufig vermittelt durch den S c h i f f s p r o k u r e u r (Makler des HGB.).

b) Der Frachtvertrag ist formlos. Die Ausstellung einer C h a r t e p a r t i e (Schlusschein, Schiffsbefrachtungsschein) ist vielfach üblich, aber keine Partei hat einen Anspruch darauf (anders § 557 HGB.), wohl aber hat der Frachtführer einen Anspruch auf den F r a c h t b r i e f (§ 426 HGB.) und der Absender einen solchen auf den L a d e - s c h e i n (§ 72 B.Sch.G.). Schliesslich hat der Frachtführer noch gegen den Empfänger einen Anspruch auf Quittung (§ 368 BGB.), die entweder in Form einer besonderen Urkunde (L i e f e r - s c h e i n) oder auf dem Ladeschein erteilt wird (§ 418 HGB.).

D e r F r a c h t b r i e f ist ein vom Absender dem Frachtführer zu erteilendes Begleitpapier, ist weder Wertpapier noch Legitimationspapier. Ist aber ein Duplikatfrachtbrief vom Frachtführer unterzeichnet und dem Absender ausgehändigt, so ist dieser zum mindesten Legitimationspapier.

D e r L a d e s c h e i n entspricht vollkommen dem Konnossement. Er ist im Landfrachtrecht ungebräuchlich, trotzdem in § § 415—450 HGB. geregelt und in § § 72—76 B.Sch.G. ergänzt. Der Frachtführer, nicht der Schiffseigner als solcher hat den Ladeschein zu zeichnen (§ 72 B.Sch.G., anders § 642 HGB.).

c) Man teilt den Frachtvertrag, ebenso wie im Seerecht, ein in Voll-, Teil-, Raumchartervertrag und Stückgütervertrag. Aber der Stückgütervertrag über mehr als 10 000 kg (10 tons) ist durchweg dem Teilchartervertrag gleichgestellt (s. §§ 38, 53 B. Sch.G.), während das Gesetz Sondervorschriften über Stückgüterverträge von weniger als 10 000 kg enthält (§§ 39, 54 B.Sch.G.). Deshalb empfiehlt sich folgende Einteilung:

1. Vollchartervertrag
2. Teilfrachtvertrag:
   a) Teilchartervertrag;
   b) Raumchartervertrag;
   c) Stückgütervertrag über mehr als 10 000 kg
3. Stückgütervertrag über weniger als 10000 kg.

d) Die Abladung ist in §§ 27–45 B. Sch.G. geregelt. Gegenüber dem Seerecht bestehen folgende Abweichungen:

1. Der Ladeplatz ist in Ermangelung von Vereinbarung und behördlicher Regelung nur beim Vollchartervertrag vom Absender zu bestimmen (§ 27 B.Sch.G.), nicht dagegen wie im Seerecht (§ 560 HGB.) auch beim Teilchartervertrag (§ 49).

2. Die Ladezeit richtet sich nach Vereinbarung, Ortsgebrauch, behördlicher Verordnung und — anders Seerecht — nach Gesetz (§ 29). Massgeblich ist das Gewicht der Ladung, nicht die Grösse des Schiffs, sie schwankt zwischen 2 und 18 Tagen; bei Teilcharterverträgen ist sie für jede einzelne Ladung etwas abweichend bestimmt (§ 58). Nicht in Ansatz kommen im Zweifel Sonn- und Feiertage (§ 29 Abs. 2, anders § 573 HGB.).

3. Eine Ueberliegezeit kommt wie im Seerecht nur in Betracht, wenn sie vereinbart ist. Sie beträgt nur 7 Tage (§ 31 Abs. 2), im Seerecht 14 Tage (§ 568 HGB.).

4. Während die Kündigungsfrist im Seerecht stets dreissig ist (§ 570 HGB.), schwankt sie hier zwischen 1 und 3 Tagen (1 Tag bei Ladungen bis zu 10 000 kg, 2 Tage bis zu 50 000 kg, 3 Tage bei mehr als 50 000 kg, § 33).

5. Liegegeld kann nicht nur für die Ueberliegezeit (§ 31 B.Sch.G., § 567 Abs. 4 HGB.) sondern überhaupt bei Ueberschreiten der Ladezeit verlangt

werden (§ 30). Die Höhe der Liegegelder richtet sich nach Vereinbarung, Ortsgebrauch, behördlicher Anordnung und Gesetz (§ 32). Letzteres fehlt im Seerecht.

6. Die Fautfracht (Fehlfracht, Reufracht) beträgt beim Vollchartervertrag nur ⅓ der Fracht, beim Teilfrachtvertrag aber wie im Seerecht ½ (§§ 34, 36, 38 B.Sch.G. § 580 HGB.). Anders wie im Seerecht (§ 588 Abs. 2 HGB.) hat aber auch beim Stückgütervertrag der Absender ein Rücktrittsrecht gegen Fautfracht (halbe Fracht) (§ 39 Abs. 1), auch kann der Frachtführer, falls der Absender nicht ablädt, abfahren und die Fautfracht verlangen, muss dies aber dem Absender vor Antritt der Reise kundtun (§ 39 Abs. 2 und 3). Wartet er länger als angemessen auf die Stückgüter, so kann er weder Liegegeld noch Schadensersatz beanspruchen.

7. Während im Seerecht (§ 561 HGB.) der Befrachter die Güter kostenfrei bis an das Schiff zu liefern hat, muss im Binnenschiffahrtsrecht der Absender gepackte Güter auf das Schiff, lose Güter in das Schiff liefern (§ 11). —

e) Die Regeln über die L ö s c h u n g (§§ 46 bis 57) entsprechen denen über die Abladung weit mehr, als dies im Seerecht der Fall ist. Nur beim Vollchartervertrag bestimmt der Empfänger den Löschplatz (§ 46). Für Löschzeit, Ueberliegezeit (7 Tage) und Kündigung (1—3 Tage) gilt dasselbe wie bei der Abladung, während im Seerecht überhaupt keine Kündigung vorgeschrieben ist. Sonn- und Festtage werden auch hier nicht mit eingerechnet (§ 48 Abs. 3, anders Seerecht).

Während aber der Frachtführer bei Ueberliegezeit und freiwilligem Ueberliegen zwecks Abladung nur Liegegeld zu beanspruchen hat, kann er im Fall der Löschung ausserdem noch Schadensersatz verlangen (§ 19 Abs. 2). Gepackte Güter sind auf dem Schiff, lose Güter im Schiff abzunehmen (§ 56).

Eine Hinterlegungspflicht (wie im Seerecht § 601 HGB.) besteht für den Frachtführer nicht, wohl aber ein Hinterlegungsrecht (§ 52):

1. Wenn der Empfänger innerhalb der Wartezeit nicht abgenommen hat.

2. Auch schon vor Ablauf der Wartezeit, wenn der Empfänger nicht zu ermitteln ist, wenn er die Abnahme verweigert oder ein sonstiges Ablieferungshindernis besteht. In diesen drei Fällen soll der Frachtführer jedoch die Weisung des Absenders einholen, und er kann nur hinterlegen, wenn dies unmöglich ist, wenn der Absender mit der Weisung säumig ist, oder wenn die Weisung nicht durchführbar ist.

Bei Gefahr des Verderbs kann der Frachtführer nach § 373 HGB. verkaufen. Von der Hinterlegung resp. dem Verkauf sind Absender und Empfänger unverzüglich zu benachrichtigen. —

6. Im Seerecht haftet der Verfrachter, soweit nicht persönliches Verschulden oder Garantie in Frage kommt, nur mit Schiff und Fracht (§ § 485, 486 HGB.). Sofern er weder Reeder noch Ausrüster ist, haftet er überhaupt nicht (§ 662 HGB.). Im Binnenschiffahrtsrecht haftet dagegen der Frachtführer grundsätzlich persönlich unbeschränkt. Nur wenn er Schiffseigner des zur Erfüllung des Vertrages benutzten Schiffs ist, kann er sich gemäss § 3, 1 B.Sch.G. auf die Beschränkung der Haftung berufen. Ist er nicht zugleich Schiffseigner, so kommen die besonderen Vorschriften des Binnenschiffahrtsrechts betreffs Haftung für fremdes Verschulden nicht in Betracht. Es gilt also § 278 BGB. Aber § 431 HGB. erweitert die Haftung für "seine Leute", auch wenn sie nicht Erfüllungsgehilfen sind. Hierzu gehören: seine Kontorangestellten, die Besatzung seines Schiffs und seines Schleppers sowie der Unterfrachtführer, nicht aber die Leute des Unterfrachtführers und die Besatzung eines fremden Schleppers, mit dem er einen Schleppvertrag geschlossen hat.

Der Frachtführer kann ebenso wie der Verfrachter des Seerechts in Anspruch genommen werden: ex recepto, ex contractu, ex scriptura (Ladeschein) und ex delicto.

Die § § 58—62 B.Sch.G. 430 HGB. entsprechen den § § 606—613 HGB. Auch bei ihnen ist streitig, ob sie nur für die Haftung ex recepto oder auch für die Ansprüche aus Vertrag und Ladeschein gelten. Bei der Deliktshaftung kommen sie nicht in Frage.

Aus dem Receptum haftet der Frachtführer für Verlust, Minderung und Beschädigung des Frachtgutes, sowie für Verspätung (letzteres fehlt im Seerecht).

Die Schadenshaftung erstreckt sich auf die Zeit von der Empfangnahme der Güter bis zu deren Ablieferung. Es kann nur der gemeine Handelswert oder der gemeine Wert ersetzt verlangt werden (§ 430 HGB.). Nur wenn der Kläger dolus oder culpa lata nachweist, hat er Anspruch auf vollen Schadensersatz (§ 430 Abs. 3. Derartiges fehlt im Seerecht).

Die Haftung entfällt:

1. Wenn der Schaden durch mangelnde Fahrtüchtigkeit und Mängel der Schiffsgerätschaften entstanden ist und der Frachtführer nachweist, dass der Mangel bei ordentlicher Untersuchung nicht zu entdecken war (§ 58 Abs. 2 B.Sch.G., der etwas weiter geht als § 559 HGB.).

2. Bei nicht deklarierten Wertpapieren und Kostbarkeiten (§ 58 Abs. 3 B.Sch.G.).

Die Haftung ist erleichtert (§ 59 B.Sch.G. Entsprechendes fehlt im Seerecht):

1. Bei Decksgütern.

2. Bei schlecht oder mangelhaft verpackten Gütern.

3. Bei Gütern, die Absender und Empfänger selbst verladen resp. gelöscht haben.

4. Bei Gütern, die infolge ihrer natürlichen Beschaffenheit leicht verderblich sind.

5. Bei lebenden Tieren.

In diesen Fällen wird vermutet, dass der Schaden durch die der Verpackungsart resp. den Gegenständen innewohnende Gefahr entstanden ist, und der Frachtführer haftet nur, sofern ihm Verschulden nachgewiesen wird. —

Die Haftung erlischt bei Minderung und Beschädigung (nicht auch bei Totalverlust) durch die Annahme des Gutes (Zahlung der Fracht und Annahme des Frachtbriefs ist im Gegensatz zum Landfrachtrecht (§ 438 HGB.) im See- und Binnenschiffahrtsrecht nicht erforderlich. §§ 1

B.Sch.G. und 606 HGB.), wenn nicht (§ 61 B. Sch.G.):

1. Bei äusserlich erkennbaren Mängeln vor der Annahme,

2. Bei äusserlich nicht erkennbaren Mängeln binnen 7 Tagen nach der Annahme,

der Schaden durch amtlich bestellte Sachverständige festgestellt wird. Im zweiten Fall genügt zur Wahrung der Frist die Stellung des Antrages. Im Seerecht (§ 609) wird zwischen äusserlich erkennbaren und nicht erkennbaren Mängeln nicht unterschieden. Es ist dort in jedem Falle eine zweitägige Frist gegeben. Sowohl im Seerecht wie im Binnenschiffahrtsrecht entfällt die Feststellungspflicht bei Vorsatz und grober Fahrlässigkeit (§ § 609 HGB. und 61 Abs. 4 B.Sch.G.).

Für Verspätungsschaden ist voller Ersatz zu leisten (§ 62 B.Sch.G.). Der Anspruch entfällt, wenn das Gut angenommen und die Fracht nebst Nebengebühren bezahlt ist, es sei denn, dass Vorsatz oder grobe Fahrlässigkeit nachgewiesen wird.

g) Der Frachtführer hat Anspruch auf Fracht und Nebengebühren (wie Liegegeld) und Ersatz ungewöhnlicher Auslagen. Die Unkosten der Schiffahrt gelten aber als durch die Fracht abgegolten (§ 66 B.Sch.G. stimmt im Wesentlichen mit § 621 HGB. überein. Ist die Höhe der Fracht streitig, so kann der Empfänger nicht wie im Seerecht (§ 621 HGB.) gegen Hinterlegung der streitigen Summe Aushändigung des Gutes verlangen. Massgeblich für die Zahlungspflicht des Empfängers ist der Frachtbrief (§ 436 HGB.) nicht der Frachtvertrag.

Der Empfänger haftet für diese Ansprüche, sobald er Gut und Frachtbrief angenommen hat (§ 436 HGB.). Im Seerecht (§ 614 HGB.) fehlt die Annahme des Frachtbriefs. Das Rückgriffsrecht des Frachtführers gegen den Absender ist weitergehend als in § § 625—627 HGB. Es erlischt nur dann, wenn der Frachtführer das Gut dem Empfänger ohne Bezahlung ausgeliefert hat und nicht binnen drei Tagen das Pfandrecht gerichtlich geltend macht (§ 442 HGB.). Massgeblich für die Zahlungspflicht des Absenders ist der Frachtvertrag, nicht der Frachtbrief.

Die Klausel »Franko Fracht gegen Lieferschein« bedeutet, dass der Absender gegen Vorlage einer vom Empfänger über die Ablieferung ausgestellten Quittung (Lieferschein) zahlen soll.

Die Klausel »frei Fracht« besagt, dass nicht der Empfänger sondern der Absender die Fracht zahlen soll, hindert aber den Frachtführer nicht, seine sonstigen Ansprüche gegen den Empfänger geltend zu machen (§ 67 B.Sch. G.).

Bei Verlust und Beschädigung des Gutes sind hinsichtlich der Frachtzahlung folgende Fälle zu unterscheiden:

1. Bei Beschädigung ist die volle Fracht zu zahlen. Ein Abandonrecht gibt es auch nicht bei Auslaufen von Behältnissen (anders Seerecht § 616 HGB.).

2. Sind Güter durch Schuld eines Ladungsbeteiligten untergegangen, so ist die volle Fracht zu zahlen (ebenso im Seerecht).

3. Ist der Untergang vom Frachtführer oder seinen Leuten verschuldet, so entfällt die Frachtzahlung (ebenso im Seerecht).

4. Bei zufälligem Untergang ist Distanzfracht zu zahlen (§ 64 B.Sch.G. anders Seerecht § 617 HGB. und § 323 BGB.). Es ist sogar volle Fracht zu zahlen: Bei Verlust infolge natürlicher Beschaffenheit des Gutes und bei Tod von Tieren (ebenso im Seerecht § 618 HGB. § 65 B.Sch.G.). —

Der Frachtführer hat ein Pfandrecht an der Ladung wegen der Fracht, Nebengebühren und Auslagen (§§ 440—443 HGB.) welches die Ablieferung drei Tage überdauert (im Seerecht 30 Tage § 623 HGB.).

Die Pfandrechte (des Kommissionärs, Spediteurs, Frachtführers), welche durch Versendung und Beförderung des Gutes entstanden sind, gehen den übrigen (z. B. wegen Vorschüsse) vor. In der erstgenannten Gruppe geht das jeweilig jüngere, in der zweiten Gruppe das jeweilig ältere vor (§ 443 HGB.).

h) Die Fälle der Unmöglichkeit und Behinderung der Reise sind im

Binnenschiffahrtsrecht (§§ 68—71 B.Sch.G.) nicht so ausführlich geregelt wie im Seerecht (§§ 628 bis 641). Unter Zuhilfenahme der allgemeinen Vorschriften des Bürgerlichen Gesetzbuches kommt man aber im Wesentlichen zu denselben Ergebnissen (§§ 275, 276, 323 ff. BGB.). Als wichtige Unterschiede sind zu merken:

1. Gehen die Güter während der Reise durch Zufall verloren, so ist doch Distanzfracht zu zahlen (§§ 69, 64 B.Sch.G., anders Seerecht § 633 HGB.).

2. Muss der Frachtführer überwintern, so hat der Absender kein Rücktrittsrecht (§ 71 Abs. 3 B.Sch.G., anders § 637 HGB.).

3. Bei zeitweiliger Behinderung durch Zufall vor oder nach Antritt der Reise, hat nur der Absender nicht auch der Frachtführer ein Rücktrittsrecht (§ 71 Abs. 1 B.Sch.G., anders §§ 634, 637 HGB.).

4. Dem Untergang des Schiffs steht nicht nur die Kondemnation wegen Reparaturunfähigkeit und -Unwürdigkeit gleich, sondern jede erhebliche Beschädigung (§ 68 B.Sch.G., anders § 628 HGB.).

Demnach ergibt sich folgende U e b e r s i c h t:

I. Dauernde Reisehindernisse (Untergang oder Beschädigung des Schiffs, Untergang der Ladung):

1. Vom Absender zu vertreten: Der Absender muss die volle Fracht zahlen und ist eventuell schadensersatzpflichtig (§ 324 BGB.).

2. Vom Frachtführer zu vertreten: Der Absender ist schadensersatz- o d e r rücktrittsberechtigt (§ 325 BGB.).

3. Zufall:

a) Vor Antritt der Reise: beide Teile werden frei (§ 323 BGB. § 68 B.Sch.G.).

b) Nach Antritt der Reise: der Absender muss Distanzfracht zahlen (§§ 69, 64 B.Sch.G.).

II. Zeitweilige Reisehindernisse (ohne Ueberwinterung):

1. Vom Absender zu vertreten: Dieser ist schadensersatzpflichtig (§ 276 BGB.).

2. Vom Frachtführer zu vertreten: Der Absender ist schadensersatz- u n d rücktrittsberechtigt (§§ 276 BGB. 71 Abs. 1 B.Sch.G.).

3. Zufall: N u r der Absender ist rücktrittsberechtigt (§ 71 B.Sch.G.).

In den Fällen der Beendigung der Reise ist der
Schiffer wie im Seerecht verpflichtet, weiter für die
Ladung zu sorgen. Er soll die Ladungsinteressenten benachrichtigen, Weisungen einholen, eventuell
deponieren und mit einem anderen Schiff weiter befördern (§ 70 B.Sch.G.), darf die Ladung aber
nicht verpfänden oder verkaufen (anders Seerecht
§ 632 HGB.).

i) D e r L a d e s c h e i n ist geregelt in § §
445—450 HGB. und 72—76 B.Sch.G. Im Landfrachtrecht ist er ungebräuchlich, im Binnenschifffahrtsrecht spielt er annähernd dieselbe Rolle wie
das Konossement im Seerecht. Er ist auch rechtlich genau so zu behandeln wie letzteres (vergl.
deshalb § § 642—661 HGB.). Als Besonderheit ist
nur die Bestimmung des § 74 zu beachten: Der
Frachtführer haftet für die Richtigkeit der im Ladeschein enthaltenen Bezeichnung der Güter nicht,
wenn er beweist, dass die Unrichtigkeit der Bezeichnung bei Anwendung der Sorgfalt eines gewöhnlichen Frachtführers nicht zu erkennen war. Eine derartige Bestimmung fehlt im Seerecht.

k) D e r U n t e r f r a c h t v e r t r a g unterscheidet sich erheblich von dem des Seerechts. Zunächst ist die Personenbezeichnung eine verschiedene. Im Seerecht schliesst der Reeder als Hauptverfrachter den Hauptfrachtvertrag mit einem Unternehmer, dem Hauptbefrachter, ab und dieser als
Unterverfrachter den Unterfrachtvertrag mit den
einzelnen Unterbefrachtern. Im Binnenschiffahrtsrecht ist die Reihenfolge gewissermassen umgekehrt:
Der Absender schliesst den Hauptfrachtvertrag mit
einem Transportunternehmer (Hauptfrachtführer)
ab, der seinerseits mit dem Schiffseigner (Unterfrachtführer) kontrahiert. —

Sodann ist die Haftung ganz anders geregelt.
Nach Seerecht hört die Haftung der Mittelsperson
(des Unterverfrachters) auf, sobald das Gut dem
Hauptverfrachter (Reeder) übergeben ist, und nur
letzterer haftet mit Schiff und Fracht (§ 662 HGB.).
Nach Binnenschiffahrtsrecht (§ 432 HGB.) entste-

hen keine Rechtsbeziehungen zwischen Absender und Schiffseigner (Unterfrachtführer). Letzterer kann nur auf dem Umweg über §§ 3, 4 B.Sch.G. oder aus unerlaubter Handlung in Anspruch genommen werden. Dagegen haftet die Mittelsperson (der Hauptfrachtführer) dem Absender unbeschränkt persönlich bis zur Ablieferung des Guts an den Empfänger. Aus § 432 HGB. folgert man, dass er nicht nur für das Verschulden des Unterfrachtführers einzustehen hat, sondern auch für das Verschulden von dessen Leuten, für die er nach § 431 HGB. nicht aufzukommen hätte. Dies alles ändert sich jedoch, wenn der Unterfrachtführer das Gut mit dem ursprünglichen Frachtbrief übernimmt. Dann tritt er gewissermassen in den Hauptfrachtvertrag ein, wird zum Zwischenfrachtführer und haftet als Gesamtschuldner mit dem Hauptfrachtführer dem Absender unmittelbar ex contractu (§ 432 Abs. 2 HGB.). Das gleiche gilt, wenn der Unterfrachtführer das Gut auf Grund des Ladescheins übernimmt (§ 449 HGB.).

Für die Stellung des Zwischenfrachtführers macht es keinen Unterschied, ob der Hauptfrachtführer einen Teil des Transports selbst ausgeführt hat oder nicht, ob der Transport zum Teil zu Lande, zum Teil zu Wasser erfolgt, und ob verschiedene Beförderungsmittel verwandt werden; nur Beförderung zur See wird von § 432 HGB. nicht getroffen.

In allen Fällen der gesamtschuldnerischen Haftung hat der vom Empfänger oder Absender in Anspruch genommene ein Rückgriffsrecht gegen den schuldigen Frachtführer. Ist ein solcher nicht zu ermitteln, so tragen die Frachtführer intern den Schaden nach Verhältnis ihrer Frachtanteile (§ 432 HGB.).

Folgen mehrere Frachtführer aufeinander (gleichgültig, ob die späteren Unterfrachtführer oder Zwischenfrachtführer sind oder nicht), so hat jeder ein Pfandrecht an der Ladung. Das Pfandrecht der vorhergehenden besteht so lange, wie das des letzten Frachtführers. Befriedigt der nachfolgende den vorgehenden Frachtführer, so erwirbt er kraft Gesetzes dessen Forderung und Pfandrecht (§ 441 HGB.). Der letzte Frachtführer ist berechtigt und verpflichlet, die Forderung der vorgehenden einzuziehen und deren Pfandrecht auszuüben. Tut er das nicht, so wird er schadensersatzpflichtig und verliert sein Rückgriffsrecht (§ 442 HGB.).

Anhang: I. Der Passagiervertrag ist im Binnenschiffahrtsrecht nicht geregelt. Nur § 77 behandelt das Gepäck. Beachtlich sind folgende Punkte:

1. Erklärt der Reisende freiwillig oder aus einem in seiner Person liegenden Grunde den Rücktritt, so ist nach Seerecht (§ 667 HGB.) das halbe Passagegeld (entsprechend der Faulfracht) zu entrichten. Im Binnenschiffahrtsrecht fehlt eine solche Bestimmung. Es ist demnach volles Fahrgeld zu zahlen.

2. Im Binnenschiffahrtsrecht wird zwischen Reisegepäck und Handgepäck schärfer unterschieden. Nur an ersterem besteht ein gesetzliches Pfandrecht wegen des Fahrgeldes (§ 77 B.Sch.G.), das den Besitz aber nicht 3 Tage überdauert. Im Seerecht besteht das Pfand an allen an Bord gebrachten Sachen des Reisenden (§ 674 HGB.).

3. Für das Reisegepäck haftet der Schiffseigner wie für Frachtgut (§ 77 B.Sch.G.), für das Handgepäck dagegen nur nach den Vorschriften des BGB. und §§ 3, 4 B.Sch.G. Da dieses Gepäck dem Schiffseigner nicht übergeben ist, so trifft den Reisenden bei Verlust und Beschädigung die Aufklärungs- und Beweislast.

II. Hinsichtlich des Schleppvertrages gilt dasselbe wie im Seerecht. Nur hat im Binnenschiffahrtsrecht der Schlepper den Oberbefehl über den Schleppzug. Der Grundsatz der nautischen Einheit ist nicht anerkannt. Es haftet weder der Schlepper für das geschleppte Schiff noch letzteres für den Schlepper.

§ 33. Die ausservertragliche Haftung

a) Die grosse Haverei ist im Binnenschiffahrtsrecht (§§ 78—91) selbständig, aber in enger Anlehnung an das Seerecht geregelt. Aus der besonderen Natur der Binnenschiffahrt ergeben sich folgende Unterschiede:

1. Die kleine Haverei ist im Binnenschiffahrtsrecht nicht erwähnt (§ 621 HGB.) wohl aber die besondere Haverei (§ 78 Abs. 3 B.Sch.G. — §§ 701—707 HGB.).

2. Die Einzelfälle der grossen Haverei (§§ 82 bis 84 B.Sch.G.) weichen von der Liste des § 706 HGB. in zahlreichen Punkten ab.

3. Die Fracht ist im Binnenschiffahrtsrecht vergütungsberechtigt aber nicht beitragspflichtig (§ 78 B.Sch.G.); im Seerecht ist sie beides (§§ 700 Abs. 2, 721, 715 HGB.).

4. Decksgüter sind sowohl beitragspflichtig als auch vergütungsberechtigt, im Seerecht nur ersteres (§§ 708 HGB., 85 B.Sch.G.).

5. Die Fahrgelder sind im Binnenschiffahrtsrecht der Fracht nicht gleich gestellt (vergl. § 677 HGB.) und deshalb weder beitragspflichtig noch vergütungsberechtigt.

6. Güter, welche sich zur Zeit des Unfalls in Leichtern befanden, sind im Seerecht stets (§ 718 HGB.), im Binnenschiffahrtsrecht nur dann beitragspflichtig, wenn sie sich mit dem Schiff noch in gleicher Gefahr befunden haben (§ 85 Abs. 1 B.Sch.G.).

7. Die Kosten längerer Aufenthalte infolge Krieg, Blockade, Verfügungen von hoher Hand etc. (§ 629) gelten im Seerecht ohne Weiteres als grosse Haverei (§ 635 HGB.); im Binnenschiffahrtsrecht dagegen nur, wenn die sonstigen Voraussetzungen der grossen Haverei gegeben sind.

b. Der Schiffszusammenstoss ist im Binnenschiffahrtsrecht nicht geregelt. § 92 B.Sch.G. verweist nur auf §§ 734—739 HGB. Erwähnenswert ist nur:

1. Die Verjährung beträgt im Binnenschiffahrtsrecht 1 Jahr (§§ 117—118 B.Sch.G.), im Seerecht 2 Jahre (§ 901).

2. Der Schiffseigner, der das Schiff selbst führt, haftet nur beschränkt mit Schiff und Fracht für nautisches Verschulden (§ 4 B.Sch.G.); im Seerecht haftet der Reederschiffer nach herrschender Ansicht

für eigenes Verschulden unbeschränkt persönlich. (s. § 739 HGB.).

3. Im Binnenschiffahrtsrecht ist die Kollission mit Bergung und Hilfsleistung in einem Abschnitt geregelt, im Seerecht zusammen mit der grossen Haverei.

4. Die Aenderungen der §§ 731—739 HGB. durch das Seenotgesetz vom 7. 1. 1913 gelten auf dem Umwege über § 92 B.Sch.G. auch für das Binnenschiffahrtsrecht.

c) Die Bergung und Hilfsleistung ist in §§ 93—104 B.Sch.G. behandelt, und zwar grundsätzlich ähnlich wie im Seerecht (§§ 740 bis 753 HGB.). Man spricht hier statt von Seenot von Schiffahrtsgefahr. Die Vorschriften des internationalen Abkommens gelten im Binnenschiffahrtsrecht nicht, haben auch keine Aenderung des Binnenschiffahrtsgesetzes zur Folge gehabt. Infolge der neuen Fassung des § 740 HGB. kommt Binnenschiffahrtsrecht aber nur noch zur Anwendung, wenn ein Binnenschiff von einem anderen Binnenschiff oder vom Lande her gerettet wird.

Die Hauptabweichungen vom Seerecht sind folgende:

1. Nach § 740 HGB. setzt Bergung (im Gegensatz zur Hilfsleistung) nur voraus, dass das Schiff der Verfügung seiner Besatzung entzogen war. § 93 B.Sch.G. nennt zwei Bergungsfälle mit schärferer Abgrenzung: Das Schiff muss von der Besatzung bereits verlassen sein, oder es muss Ladung aus einem unmittelbar vom Untergange bedrohten Schiffe geborgen werden. Alle sonstigen Fälle sind nur Hilfsleistung.

2. Nach § 747 HGB. ist eine besondere Aenderung resp. Beseitigung eines Hilfs- und Bergelohnvertrages möglich. Im Binnenschiffahrtsrecht gelten nur die allgemeinen Bestimmungen des BGB. §§ 119, 123, 138.

3. Im Binnenschiffahrtsrecht gibt es keine den §§ 741 Abs. 2 und 745 Abs. 2 HGB. entsprechenden Bestimmungen, dass der Lohn den Wert der geretteten Gegenstände nicht übersteigen darf, und dass der Wert erst an zweiter Stelle zu berücksichtigen ist.

4. Die Strandungsordnung gilt nur für das Seerecht, nicht für das Binnenschiffahrtsrecht. Deshalb kann der Lohn unmittelbar bei den Gerichten (nicht Strandamt) eingeklagt werden.

5. Passiv legitimiert für die Lohnklage sind der Schiffseigner und die Ladungseigentümer (die ja mit ersterem zusammen solidarisch haften), ausserdem aber der Schiffer, solange er die Ladung im Gewahrsam hat (§ 97). Es ist dies der einzige Fall, wo im Binnenschiffahrtsrecht eine Klage gegen den Schiffer als Vertreter des Schiffseigners resp. der Ladungsinteressenten gegeben ist, während im Seerecht alle Schiffsgläubiger und von den Ladungsgläubigern die Bodmerei- und Berge- und Hilfslohngläubiger gegen den Schiffer klagen können (§ 761, 696, 751 HGB.).

6. Das Binnenschiffahrtsrecht gibt keine Normen über die Verteilung des Lohns unter Schiffseigner, Schiffer und Mannschaft wie das Seerecht in § 749 HGB. Doch wird auch hier anerkannt, dass der Schiffseigner allein den Lohnanspruch nach aussen geltend machen kann.

§ 34. Die Verjährung

Die Verjährung ist im Binnenschiffahrtsrecht in einem besonderen Abschnitt, aber nur unvollkommen geregelt. Es bestehen allerhand Streitfragen. Soweit das Binnenschiffahrtsgesetz schweigt, greifen Handelsgesetzbuch und Bürgerliches Gesetzbuch ein. Zu beachten sind folgende Regeln:

1. Die Schiffsgläubigerrechte und nach herrschender Meinung auch die mit ihnen verknüpften persönlichen Forderungen verjähren in einem Jahre (§ 117 B.Sch.G.), beginnend mit dem Schlusse des Jahres, in dem sie fällig geworden sind (§ 118 B. Sch.G.).

2. Die Ansprüche des Frachtführers aus dem Fracht- und Passagiervertrage verjähren in zwei Jahren, beginnend mit Jahresschluss (§ 196 Abs. 1 Nr. 3 BGB.).

3. Die Ansprüche gegen den Frachtführer wegen Verlust, Minderung, Beschädigung und Verspätung verjähren in einem Jahre, beginnend mit dem Ablieferungstage (§ 26 B.Sch.G., §§ 114, 439 HGB.).

www.ingramcontent.com/pod-product-compliance
Lightning Source LLC
Chambersburg PA
CBHW021714210326
41599CB00013B/1651